KB203702

중보자의 **마음**을 품는 **기도**

중보자의 마음을 품는 기도

지은이 | 이나미, 홍희란
펴낸이 | 원성삼
펴낸곳 | 예영커뮤니케이션
초판 1쇄 발행 | 2004년 1월 5일
개정판 1쇄 발행 | 2004년 5월 10일
개정판 5쇄 발행 | 2024년 1월 31일
등록일 | 1992년 3월 1일 제2-1349호
주소 | 03128 서울특별시 종로구 대학로3길 29, 313호(연지동, 한국교회100주년기념관)
전화 | (02) 766-8931
팩스 | (02) 766-8934
이메일 | jeyoung@chol.com
ISBN 979-11-89887-10-0 (03230)

값 15,000원

이 도서의 국립중앙도서관 출판예정도서목록(CIP)은 서지정보유통지원시스템 홈페이지
(http://seoji.nl.go.kr)와 국가자료공동목록시스템(http://www.nl.go.kr/kolisnet)
에서 이용하실 수 있습니다.(CIP제어번호: CIP2019037577)

모든 인간은 하나님의 형상을 닮은 존귀한 존재입니다. 사람은 인종, 민족, 피
부색, 문화, 언어에 관계없이 모두 다 존귀합니다. 예영커뮤니케이션은 이러한
정신에 근거해 모든 인간이 존귀한 삶을 사는 데 필요한 지식과 문화를 예수 그리스도의
사랑으로 보급함으로써 우리가 속한 사회에 기여하고자 합니다.

중보자의 마음을 품는 기도

예영커뮤니케이션

추 천 사

우리 거룩한빛광성교회만이 가지고 있는 독특한 특징이 여러 가지가 있습니다만, 그 중 하나로 '은사 중심적 사역'을 꼽을 수 있습니다. 은사 중심적 사역을 펼치게 되면 목회의 중심이 목회자 중심에서 자연히 평신도 중심으로 이동할 수밖에 없습니다. 그 결과 우리 교회는 평신도들이 주축이 된 다양한 사역을 하게 되었습니다.

중보 기도팀도 이렇게 은사 중심적 사역을 펼친 결과 생겨났습니다. 3년 전부터는 이 중보 기도팀 중에 열방 기도팀이 생겼습니다. 말 그대로 열방을 품고 기도하는 거대한 비전을 가진 기도팀입니다.

이 기도팀은 목회자들이 인도한 것이 아니라 두 분의 여집사님이 이끌었습니다. 한 주는 이론을 강의하고 한 주는 기도 실습을 하는 형식으로 운영되었습니다. 기도 실습 중에는 사회적으로 문제가 되었던 일산의 수많은 나이트클럽과 러브호텔을 돌면서 기도하는 기도행진이 들어 있었습니다. 우리는 열방 기도팀의 도전적인 기도에 하나님께서 강력히 임하시는 것을 체험할 수 있었습니다.

저는 이 기도팀을 보면서, 한국 교회에 열방을 품고 기도하는 중보 기도 운동이 일어나고 마귀의 견고한 진을 무너뜨리는 열방 기도를 확산시키기 위해서는 책 발간이 필요하다고 생각하게 되었습니다. 그래서 집사님들게 교안을 보완하여 책을 낼 수 있도록 독려했습니다. 책을 집필할 때 일부러 신학자나 목회자들의 전문적 지식을 빌리지 않고 순수하게 집사님들의 손으로 쓰도록 했습니다. 그것이 오히려 평신도들에게 중보 기도를 알리는 데 더 효과적이라고 생각했기 때문입니다. 다시 말해 눈높이를 맞춘 것입니다.

책을 내기까지 1년의 시간이 걸렸습니다. 1년 동안 열방 기도팀을 이끌면서 집필에 수고하신 이나미, 홍희란 집사님에게 감사를 드립니다. 아무쪼록 이 책을 통하여 평신도 운동과 열방을 품는 기도 운동이 활발하게 일어나는 계기가 되기를 간절히 소원합니다.

2004년 1월 11일
거룩한빛광성교회 정성진 목사

머리말

　예수 그리스도 안에 있는 우리는 그 생명을 얻게 하신 하나님의 사랑이 우리에게 얼마나 큰 은혜인지 깊이 알아 가게 되면서 자기 자신으로부터 다른 사람의 생명을 향해 관심을 넓혀 갑니다. 그리고 그들에게도 하나님의 도우심이 필요하다고 여겨질 때 우리의 관심이 머무는 가족과 친구, 교회를 위해 중보 기도하게 됩니다. 이것은 자신의 구원으로 시작된 우리의 믿음이 성숙되고 자라 가는 과정에서 경험하게 되는 자연스러운 변화라고 할 수 있습니다.

　최근 몇 년 사이에 중보 기도에 관한 책들이 다양하게 출간되고 정보도 늘어나기 시작하였습니다. 이제 중보 기도라는 말은 우리가 흔히 들을 수 있게 되었고, 중보 기도는 예수님을 닮아 가는 사람들이 마땅히 감당해야 할 기도의 영역이라는 이해를 갖게 되었습니다.

　이제 우리는 예수님께서 몸 된 교회에 위탁하신 중요한 기도의 사명을 감당하기 위하여 자신과 주변에만 머물러 있던 시각을 넓히고 한 걸음 더 나아가 곳곳에 하나님의 나라와 의가 세워지도록 구하는 데까지 힘써야 합니다. 나라와 열방이 예수 그리스도의 생명으로 넘치기까지 교회들이 힘을 합쳐 기도한다면 그곳에 놀라운 하나님의 능력이 임하실 것을 믿습니다.

저희는 지나간 몇 년 동안 열방을 위하여 기도하던 PPM(Professional Prayer Movement)의 지체들과 함께 중보 기도 운동을 시작하고 배우게 되었으며, 섬기고 있는 일산광성교회의 중보 기도 학교 사역을 통해 중보 기도에 대한 개념을 정리하며 가르칠 수 있는 기회를 갖게 되었습니다.

하나님의 은혜로 그리스도 안에서 동역하게 된 저희는 그 동안 믿는 자들의 기도를 통해서 이 땅에 그 뜻을 이루어 가시는 하나님의 섭리를 경험하여 왔습니다. 하나님께서는 세상을 사랑하셔서 모든 자로 구원을 얻기 원하십니다. 또한 그 뜻을 따라 서로 긍휼히 여기고 도우며 기도하는 자들을 찾고 계십니다. 무엇보다도 감사한 것은 지금까지 중보 기도의 사역을 감당해 오는 과정을 통해 하나님께서 저희로 하여금 하나님을 알아 가는 복을 누리게 하셨고, 그리스도 안에 있는 저희 자신의 정체성을 회복시키셨으며, 그 부르심을 알게 하신 것입니다.

이렇듯 저희가 배우고 깨닫게 된 것을 나누기 위해 그 동안 진행하였던 중보 기도 학교의 강의와 기도 실습 내용을 정리하여 책으로 엮게 되었습니다. 비록 부족하지만 중보 기도를 하려는 교회와 성도들에게 이 부족함까지라도 작은 도전이 되었으면 하는 바람을 가져 봅니다.

이 책에서는 기도를 배우는 데 있어서 하나님 앞에서 마땅히 취해야 할 우리의 태도에 대하여 다루고자 하였습니다. 간추린 여덟 개의 강의를 통하여 하나님과 올바른 관계 가운데 깊이 나아감, 하나님의 마음, 예수 그리스도의 구원의 완전하심과 생명, 삶, 연합과 일치 등에 대해 설명하였으며 그것에 기반을 둔 중보 기도에 대하여 나누고 싶었습니다. 이것은 저희가 하나님을 알며 예수 그리스도를 믿는 믿음만큼 기도할 수 있다는 것을 배우게 되었기 때문이며, 영적 부흥을 이루어 가는 귀중한 통로로 중보 기도를 새롭게 인식해야 한다는 필요성 때문이었습니다.

이 책에서 '기도의 만남'으로 이름 붙여진 기도 실습에 관한 부분은 기도의 범위를 조금씩 넓혀 갈 수 있도록 짜여져 있습니다. 기도하면서 묻고 듣는 방식이 다소 어색하게 느껴질 수도 있으나, 적용해 가다 보면 자신의 것을 요구하는 데 익숙해 있는 그리스도인들이 하나님의 뜻을 구하며 그 뜻을 따라 깊이 기도하는 데 도움이 될 것입니다.

책으로 엮기에 미흡하고 부족함이 있지만 그 동안 저희의 울타리와 힘이 되어 주신 일산광성교회와 정성진 목사님의 격려에 힘입어 여기까지 오게 된 것을 감사드립니다. 또한 그 동안 저희가 중보 기도 사역을 할 수 있도록 여러모

로 기도하며 후원해 준 남편들과 아이들에게도 고마운 마음
을 전합니다.

하나님께서는 은혜 가운데서 계속 우리를 가르쳐 주고
계십니다.

하나님 아버지, 감사합니다.

모든 열방이 그리스도께 나아가기를 기도하며

이나미 · 홍희란

차 례

일 러 두 기

이 책은 저자들이 중보 기도 학교에서 가르치고 있는 내
용과 방법을 그대로 적용하여 구성하였습니다. 중보 기도
에 관심 있는 그룹이나 개인을 돕고 자체적인 교재로도 활
용할 수 있는 데 중점을 두었으며, 8개의 강의와 8개의 기
도의 만남으로 구성되어 있습니다. 강의 부분은 하나님을
알아 가는 것과 그 앞에 가까이 나아가는 것에 초점을 맞추
었으며, 기도의 만남에서는 기도의 영역을 넓혀 가며 점진
적으로 깊이 있게 기도할 수 있도록 제시하고 있습니다.

교회나 소그룹이 자체적으로 중보 기도 훈련을 할 때 이
책을 사용할 경우에는 강의와 기도의 만남을 격주로 하여
16주 과정으로 진행하거나 주 2회 모임으로 강의와 기도를
병행하여 8주 과정으로 하는 방법 중 형편에 따라 택일하여
사용하시기 바랍니다.

각 강의의 첫머리에는 그 강의를 통해 성취하여야 할 학
습 목표가 '이 과를 통해 당신은' 이라는 제목으로 제시되어

있습니다. 그리고 '오늘의 말씀'은 강의의 전체를 관통하는 중심된 성구로서 반드시 암송하는 것이 좋습니다. 책의 뒷부분에 부록으로 엮은 성구들은 기도 시간과 땅 밟기 기도 시에 유용하게 사용할 수 있도록 하였고, 이 책에 첨부하지는 못했지만 성구 모음에 있는 주제별로 찬양을 준비하는 것이 중보 기도 시간에 필요합니다.

다음은 중보 기도 학교에서 적용하고 있는 지침들로 참고가 되기를 원하여 소개합니다.

중보 기도 학교 일정표

강 의		기 도	
제1강	말씀 묵상 – 하나님 음성을 듣는 삶	기도의 만남 1주	Q.Q / 지체를 위한 기도
제2강	중보 기도	기도의 만남 2주	한국 교회
제3강	영적전쟁 – 승리하신 예수 그리스도	기도의 만남 3주	섬기는 지역 – 도시
제4강	예 배	기도의 만남 4주	나라와 민족
제5강	하나님 아버지의 은혜 – 사랑과 용서	기도의 만남 5주	7 Mind molders
제6강	생명 중심적 사고와 중보적 관점	기도의 만남 6주	북한
제7강	재정	기도의 만남 7주	열방
제8강	연합과 일치 – 예수그리스도의 몸된 교회	기도의 만남 8주	기도행진(Prayer March)

중보 기도 학교의 목표

1. 우리의 하나님과 자녀 된 관계에 대하여 이해하고 하나님과 인격적인 관계를 회복하며 깊은 교제 가운데

나아가도록 합니다(경건 생활의 훈련).

2. 하나님 아버지의 마음과 예수 그리스도의 중보자 마음에 대하여 이해합니다.

3. 예수 그리스도의 중보자 마음을 품고 기도하는 훈련을 통해 그의 나라와 의를 구하며 하나님 나라를 확장시켜 가는 중보 기도자를 양성합니다.

훈련 지침

1. 경건 생활을 위해서는 육체의 훈련이 필수적입니다. 중보 기도 학교 기간 중 날마다의 말씀 묵상과 개인 기도 시간을 지키며 과제물 제출을 성실히 지킵니다.

2. 경건 훈련을 성실히 수행하기 위해서 중보 기도 학교 기간 중 가능한 한 모든 스케줄을 절제하며 개인적으로 주님과 만나는 시간을 충분히 갖습니다.

3. 학생들 서로 간의 친밀감을 유지하여 좋은 기도의 파트너가 되도록 노력합니다.

훈련 내용

1. 훈련 내용은 다음과 같습니다.
   · 강의
   · 말씀 묵상 – 매주 모임을 시작하기에 앞서 묵상 나눔의 시간을 갖습니다.
   · 기도 실습

- 성경 암송
- 성경 통독
- 참고 도서 읽기

2. 중보 기도 학교 기간 중 과제물은 다음과 같습니다.

- 묵상 노트
- 기도 노트
- 성경 암송하기
- 독서 적용 보고서

진행 방법

앞으로 8회에 걸쳐 중보 기도를 실습하게 됩니다. 기도할 내용은 중보 기도를 처음 접하는 분들을 위하여 여러분 가까이에 있는 기도 제목들부터 멀리 있는 대상들까지 차츰 관심을 넓혀 갈 수 있도록 단계적으로 발전되어 있습니다.

중보 기도를 드리는 데에는 여러 가지 방법이 가능하겠으나, 여기서는 기도 팀을 이룬 지체들로부터 교회, 지역, 나라와 민족, 우리나라의 구체적 영역들, 분단된 조국 북한, 열방 등으로 그 범위를 조금씩 넓혀 가도록 하였습니다.

또한 실제 땅을 밟으며 기도하는 땅 밟기 순서를 포함시켜 그리스도인의 빛 된 삶과 기도가 어떻게 세상을 다스리며 하나님의 나라를 확장시켜 갈 수 있는지 체험하도록 하였습니다.

제한된 시간에 중보 기도를 생활화하고 기도의 대상을

자유롭게 넓혀 가는 훈련을 온전히 이뤄 내는 것은 어려운 일입니다. 그러나 이 시간을 계기로 이후로도 성령께서 친히 여러분들을 가르치시고 인도하실 것을 믿으며 기도의 용사들이 길러질 것을 기대합니다.

먼저 몇 달간 함께 기도할 팀을 구성하십시오. 한 팀은 6~7명 정도가 적당합니다. 매번 모일 때마다 팀원 각자가 일주일간 묵상한 내용을 15분 정도 간단하게 나누는 것으로 모임을 시작하십시오. 묵상을 나누고 나서는 그날 주어진 성경 말씀을 3분간 암송하십시오. 그리고 예배 인도자를 정하여 10분 정도 경배와 찬양 시간을 가지도록 합니다. 마지막으로 기도의 만남 순서를 진행하면 됩니다.

말씀 묵상-하나님 음성을 듣는 삶

■■■■ 이 과를 통해
당신은

1. 말씀 묵상을 통해 하나님과 만나고 하나님
께 반응하는 삶(예배)을 경험하게 됩니다.
2. 말씀 묵상을 통해 하나님 음성 듣기를 훈련하
며 듣는 기도의 기본 자세를 갖추게 됩니다.

■■■■ 오늘의 말씀

"복 있는 사람은 악인의 꾀를 좇지 아니하며
죄인의 길에 서지 아니하며 오만한 자의 자리
에 앉지 아니하고 오직 여호와의 율법을 즐거
워하여 그 율법을 주야로 묵상하는 자로다 저
는 시냇가에 심은 나무가 시절을 좇아 과실을
맺으며 그 잎사귀가 마르지 아니함 같으니 그
행사가 다 형통하리로다"(시 1:1-3)

우리가 기도에 대해 배우려 할 때 가장 중요하게 다루어져야 하는 부분은 기도하는 사람과 기도를 들으시는 분, 즉 하나님과의 관계입니다. 기도의 방법이나 기술을 배우는 것도 필요하겠지만 하나님과 올바르고도 깊은 관계 가운데 들어가는 것이야말로 우리의 기도를 하나님께 닿도록 하며 하나님의 마음에 합하게 하여 하나님께서 속히 응답하시는 기도가 되게 할 것입니다.

그러므로 우리는 이번 장에서 먼저 말씀 묵상을 통해 하나님 앞에 깊이 나아가는 것에 대해 살펴볼 것입니다. 말씀 묵상을 통해 하나님께 가까이 나아가 그분의 마음과 뜻을 알며, 그 음성을 듣고 좇아 올바른 관계를 맺게 되는 것이 기도의 시작이라 할 수 있습니다.

① 묵상이란

묵상은 '묵묵히 마음속으로 생각하다' '되새기다' 라는 사전적인 뜻을 갖고 있으며 무엇인가를 마음속 깊이 되새겨 생각하는 것을 말합니다. 묵상하고 있는 대상이 무엇인가는 그 사람의 주된 관심사와 관련이 있으며, 그것이 결국 그 삶의 방향성을 나타낸다고 볼 수 있습니다.

그러므로 '말씀 묵상' 이란 말 그대로 우리의 생각하는 대상을 하나님 말씀으로 삼는 것이며, 그 시간에 자기 삶의 모든 부분을 말씀에 비추어 생각하고 말씀의 인도하심을 받는 것입니다. 즉, 말씀 묵상은 조용한 시간과 장소를 정하여 매일 하나님을 개인적으로 만나는 것이며, 일정 분량의 성경 말씀을 반복하여 읽고 되새기는 중에 나를 향하신 하나님의 음성을 듣고 그것을 삶에 적용하는 데까지 이르는 경건 훈련입니다.

말씀을 지식으로 받아들이면 삶에 적용하는 것이 힘들게 느껴질 수도 있습니다. 하지만 묵상 중에 만나는 말씀은 주께 자신의 죄를 고백하게 하며, 묻고 듣는 시간을 통해 기쁨으로 내 마음을 열게 하시고, 내 안에 들어와 친절하게 나를 만지십니다.

하루를 지나는 동안 나의 생각은 무엇으로 채워져 있는지, 하루 중 내가 하나님을 묵상하고 있는 시간이 얼마나 되는지 돌아보십시오. 비록 우리가 신앙생활을 잘 하고 있다 하더라도 하늘 아버지를 묵상하는 시간을 개인적으로 갖고 있지 않다면 우리는 자신과 하나님과의 관계에 대해 점검해 볼 필요가 있습니다.

하나님과의 친밀한 관계는 우리의 기도 생활에 있어서도 가장 기본이 되는 조건입니다. 하나님과의 올바른 관계에 기반을 두지 않은 기도는 마치 연결되지 않은 수화기를 붙들고 독백을 하는 것과 같아서 허공에 치는 메아리나 일종의 주문과 같이 중언부언에 그칠 수도 있기 때문입니다. 그러므로 늘 말씀을 묵상하는 삶을 통해 하나님께 가까이 가도록 힘쓰는 것이 우리의 기도를 더욱 깊고 풍성히 하는 데 도움을 줄 것입니다.

그러면 말씀 묵상이 우리가 하나님 아버지께로 가까이 가는 데 어떻게 도움을 줄 수 있는지 살펴봅시다.

2 말씀 묵상의 필요성

1. 우리와 만나시고 사랑을 나누기 원하시는 하나님께 개인적으로 나아가기 위하여

하나님께서는 사랑의 하나님이십니다. 우리에게 큰 사랑을 베푸신 하나님께서는 또한 우리에게도 "마음을 다하고 목숨을 다하고 뜻을 다하여 주 너희 하나님을 사랑하라"(마 22:37)고 가르치셨습니다. 사랑을 베푸신 전능하신 하나님께서 그 사랑을 받은 사람들에게 무엇보다 하나님 사랑하기를 친히 가르치셨다면, 사람들에게 가장 원하고 계시는 것은 사랑의 관계임을 알 수 있습니다. 그러므로 그의 백성들이 형식적인 제사(예배)를 드리기보다는 진정 하나님 자신에 대해 관심을 갖고 하나님을 알아 가는 데 힘쓰기를 원하시는 것입니다.

"그러므로 우리가 여호와를 알자 힘써 여호와를 알자…

나는 인애를 원하고 제사를 원치 아니하며 번제보다 하나
님을 아는 것을 원하노라"(호 6:3-6)

이 말씀은 우리가 하나님께 가까이 가고자 하는 노력이
종교적 의식에 그치지 않고 진정 하나님을 만나고 경험하여
아는 것이 되기를 원하시는 하나님의 마음을 잘 나타내고
있습니다.

하나님께서 원하시는 것은 무엇보다도 우리와 만나시고
사랑의 관계를 회복하는 것입니다. 그것을 위하여 예수 그
리스도께서 친히 우리가 하나님께 직접 나아갈 수 있는 길
을 휘장 가운데로 열린 새롭고 산 길로 열어 놓으셨으며,
우리 그리스도인들은 그 피를 힘입어 왕 같은 제사장만이
드나들었던 성소에 직접 들어갈 담력을 얻은 복된 사람들입
니다(히 10:19-20).

그렇다면 우리에게 허락된 새롭고 산 길을 통해 각자가
하나님께 나아가며 그분을 깊이 알아 가는 방법에는 무엇이
있을까요? 그 좋은 방법 중의 하나가 '말씀 묵상'입니다.
말씀은 곧 하나님이시고(요 1:1), 말씀이 육신이 되신 분이
예수님이시며(요 1:14), 하나님의 말씀은 살았고 운동력이
있어 활동하시므로(히 4:12) 각자가 말씀을 깊이 묵상할 때
하나님을 인격적으로, 개인적으로 만날 수 있습니다. 그리
고 그 만남을 통해 하나님의 하나님 되심과 그분의 마음에
대하여 깊이 알게 됩니다.

우리는 하나님에 '대해서' 배우고 하나님을 '위하여' 일하는 데 열심을 품어야 하지만 무엇보다도 하나님을 개인적으로 만나 보아 아는 경험이 우리 신앙의 기반이 되어야 합니다. 그러므로 우리는 어떤 다른 목적도 없이 개인적으로 하나님과 만나기 위하여 말씀 앞에 잠잠히 앉아 있는 시간, 아무 일거리 없이 그분께 나아가 단지 사랑의 관계를 맺기 위해 말씀 앞에 앉아 있는 시간의 중요성을 간과해서는 안 될 것입니다. 그 시간을 규칙적으로 가지기 시작하면, 그리고 겸손히 그 말씀을 만나기 시작하면 말씀은 살아 있어 나와 관계하십니다.

2. 세상을 사는 다양한 삶 속에서 주님과 동행하기 위하여

"행위 완전하여 여호와의 법에 행하는 자가 복이 있음이여"(시 119:1)

예수 그리스도를 믿고 영접한 사람들의 경우에도 막상 그 총체적인 삶에서 주님과 동행하며 산다는 것은 매우 어렵게 느껴집니다. 다양한 삶 속에서 현실적인 문제들이 부딪쳐 올 때 그분과 늘 동행하며 산다는 것이 어떻게 사는 것인지 잘 모르기 때문입니다. 또한 말씀대로 사는 것이 무엇인지, 어떻게 그 행위가 완전하여질 수 있다는 것인지 알 수 없을 때가 많습니다. 우리는 어떻게 가정에서 부부간,

자녀와의 관계를 사랑으로 지켜 가며, 자녀들에게 그리스
도인으로서의 문화 규범을 가르칠 것인지 잘 알지 못합니
다. 아울러 성경적인 재정 사용의 원칙과 직장에서 현실적
으로 극복해야 하는 약육강식의 세상 논리 등 우리가 직접
부딪쳐 가며 살아야만 하는 인생의 여정에서 그리스도인으
로서 그 세부 지침을 일일이 알 수 없는 경우가 얼마든지
있습니다. 그래서 하나님께서는 이러한 지극히 세상적인
문제에까지 관여하시는 분이 아니라고 여기거나 자신의 세
상적인 모습으로는 하나님께 나아갈 수 없다고 여겨 그분께
는 거룩한 화제만을 가지고 격식을 갖추어 나아가려고 하는
모습을 보이기도 합니다.

그러나 우리의 중심을 보시는 하나님께서는 이미 우리의
마음속에 품어 둔 생각과 절대로 드러내고 싶지 않은 감정,
자신이 미처 알지 못하고 있는 동기와 태도까지 감지하고
계시기 때문에 우리의 포장된 모습은 하나님께 나아가는 데
오히려 방해만 될 뿐입니다. 하나님께서 우리와 관계를 맺
으실 때는 그 어느 누구보다도 친밀하게 우리 내면 세계의
깊숙한 곳까지 들어오십니다. 그러므로 이미 그리스도를
자기 안에 받아들인 사람들은 이 세상에서 자신이 겪고 있
는 삶의 어떠한 모습도 하나님께서 관계하시지 않는 부분이
없음을 알아야 합니다. 또한 삶의 모든 부분에서 적극적으
로 하나님의 인도하심을 받는 것이 가장 지혜롭고 선한 길
임을 인정하고 그렇게 되기 위하여 말씀 앞에 자신의 내면

을 드러낼 수 있는 기회를 얻어야만 합니다. 우리가 어떻게 하면 그런 시간을 가질 수 있을까요?

"주의 말씀은 내 발에 등이요 내 길에 빛이니이다"(시 119:105)

말씀을 통해 하나님을 만나는 묵상 시간에 우리는 일상을 대하는 자신의 내면을, 또는 드러난 삶을 말씀에 비추어 볼 수 있습니다. 말씀 앞에 숨김없는 정직한 태도를 가지는 것은 하나님 앞에서 자신을 깨어지게 하며 하늘 아버지의 음성을 들을 수 있도록 도와줍니다. 그러한 사람은 자신의 삶을 빼앗길까 봐 숨는 대신에 그분을 신뢰함으로 온전히 삶을 내어 맡길 수 있게 되고, 모든 삶에서 주님과 동행하기를 원하는 믿음으로 나아갈 수 있게 되는 것입니다. 또한 어떠한 상황 속에서도 하나님으로부터 자신을 보호하거나 두려움과 정죄감 때문에 하나님으로부터 숨으려고 하는 대신 주님과 동행할 수 있는 담대한 힘을 얻게 할 것입니다.

3. 우리의 삶이 참된 예배가 되기 위하여

묵상 중에 만나는 말씀은 하나님과의 친밀함을 더하여 주며 우리의 내면을 실제로 변화시키는 힘이 됩니다. 말씀 묵상 중에 하나님을 만나고 그분의 음성을 듣게 되는 것은 우리의 영혼을 소생시키며 더욱 적극적으로 우리의 삶을 그분께로 이끄는 동기를 부여합니다. 또한 말씀 묵상이 생활화될 때 점차적으로 삶의 모든 부분에서 하나님의 음성에 귀 기울이게 되며 그에 따라 기꺼이 자신의 삶을 움직일 수 있게 될 것입니다. 그러므로 날마다 말씀 앞에서 자신의 삶을 하나님께 내어놓고 하나님께서 자신의 삶에 개입하시도록 하는 것이야말로 늘 주님을 대면하여 만나는 예배의 삶이라 할 수 있습니다.

예수를 구주로 고백한 모든 그리스도인들은 그의 말씀하신 바 "너희가 내 안에 내가 너희 안에" 거하시는 관계(요 15:4)로 초청되었으며, 그것은 우리 자신이 늘 지성소에 들어가는 예배의 삶으로 초청된 것을 의미하기도 합니다. 이렇게 말씀 묵상을 통해 하나님께 반응하는 매일의 삶을 사는 것이 우리의 삶을 예배되게 합니다.

③ 묵상의 대상

1. 하나님의 말씀

시편 1편과 여호수아 1장에서는 우리가 묵상해야 할 대상이 여호와의 율법, 즉 말씀임을 분명하게 가르치고 있습니다. 또 시편 119편에서는 말씀을 여러 가지 측면(법, 말씀, 약속, 계명, 율례, 규례, 법도, 증거, 도, 길)에서 조명하면서 말씀이신 하나님에 대해 깊이 반응하고 있습니다. 또한 여러 가지 측면으로 말씀을 묵상함으로써 하나님께 나아가는 모습을 보여 주고 있습니다. 이와 같이 하나님의 말씀을 묵상함으로 말씀이신 하나님께 더 가까이 나아갈 수 있습니다.

2. 하나님 그 자신, 성품

"여호와는 자비로우시며 은혜로우시며 노하기를 더디 하시며 인자하심이 풍부하시도다 항상 경책지 아니하시며 노를 영원히 품지 아니하시리로다 우리의 죄를 따라 처치하지 아니하시며 우리의 죄악을 따라 갚지 아니하셨으니 이는 하늘이 땅에서 높음 같이 그를 경외하는 자에게 그 인자하심이 크심이로다 동이 서에서 먼 것같이 우리의 죄과를 우리에게서 멀리 옮기셨으며 아비가 자식을 불쌍히 여김같이 여호와께서 자기를 경외하는 자를 불쌍히 여기시나니"(시 103:8-13)

우리가 하나님에 대해 알아가는 데 있어서 말씀만큼 그분 자신을 정확하게 계시받을 수 있는 길은 없습니다. 어떠한 상황을 통해 하나님을 경험하게 되는 것 이상으로 말씀을 깊이 묵상할 때 하나님의 하나님 되심을 알아갈 수 있습니다. 성경 전체가 하나님에 관한 기록이며 말씀이 곧 하나님이시기 때문입니다. 우리는 말씀을 묵상함으로 삼위일체 하나님과 하나님께서 지니신 성품의 면면까지도 묵상할 기회를 갖게 됩니다.

3. 하나님께서 행하신 기사, 행적들

"내가 옛날을 기억하고 주의 모든 행하신 것을 묵상하며 주의 손의 행사를 생각하고 주를 향하여 손을 펴고 내 영혼이 마른 땅같이 주를 사모하나이다"(시 143:5-6)

말씀을 묵상함으로 하나님께서 행하신 기적, 구원하심, 예수 그리스도께서 지신 십자가와 보혈, 우리를 위해 공급하시고 인도하시는 행적들에 대해 깊이 깨달음을 얻고 우리 자신도 온전히 하나님께 의지할 수 있게 됩니다.

4. 하나님의 창조물, 대자연

"주의 손가락으로 만드신 주의 하늘과 주의 베풀어 두신 달과 별들을 내가 보오니"(시 8:3)

"주의 손으로 만드신 것을 다스리게 하시고 만물을 그 발 아래 두셨으니 곧 모든 우양과 들짐승이며 공중의 새와 바다의 어족과 해로에 다니는 것이니이다 여호와 우리 주여

주의 이름이 온 땅에 어찌 그리 아름다운지요"(시 8:6-9)

　우리는 하나님께서 창조하신 피조물과 그들을 통치하시는 섭리를 통해서도 하나님을 묵상할 수 있습니다. 피조 세계의 모든 영역에 역사하고 계시는 하나님을 묵상함으로 만물을 다스리시는 그분의 주권을 인정하여 피조 세계의 질서를 존중하게 됩니다. 나아가 피조물로서 우리 자신의 모습을 겸허히 받아들이고 하나님께 감사와 영광을 돌리게 됩니다.

 ④ **말씀 묵상의 복**

　"복 있는 사람은 악인의 꾀를 좇지 아니하며 죄인의 길에 서지 아니하며 오만한 자의 자리에 앉지 아니하고 오직 여호와의 율법을 즐거워하여 그 율법을 주야로 묵상하는 자로다 저는 시냇가에 심은 나무가 시절을 좇아 과실을 맺으며 그 잎사귀가 마르지 아니함 같으니 그 행사가 다 형통하리로다"(시 1:1-3)

　세상적인 복 누리는 것을 좋아하는 우리에게 성경은 "여호와의 율법(말씀)을 묵상하는 사람이 복 있는 사람"이라고 말씀하고 계십니다. 예수님께서도 "하나님의 말씀을 듣고 지키는 자가 복이 있다"(눅 11:28)고 말씀하셨습니다.

그렇다면 복 있는 사람과 말씀을 묵상하는 것과는 무슨 연관이 있을까요? 하나님께서 말씀하시는 복이 묵상하는 사람에게 어떻게 나타나는지 살펴봅시다.

1. 성령 충만함

시냇가에 심은 나무는 그 뿌리로부터 수분이 쉴새없이 공급되기 때문에 때를 따라 과실을 맺는 것처럼, 말씀 묵상하는 것을 즐거워하는 사람은 생명의 공급이 원활하게 되고 그것은 성령 충만한 삶으로 인도할 것입니다.

'주야'라고 표현될 정도로 말씀 묵상이 생활화되어 있다는 것은 자신의 삶의 모든 부분을 말씀에 따라 비추어 보며 살고자 하는 정직하고도 성실한 노력이 뒤따르고 있다는 것을 의미합니다. 이러한 사람들은 그 시간에 자신의 하는 모든 일, 내면의 어떠한 부분일지라도 하나님의 말씀에 겸손히 비추어 볼 수 있게 될 것입니다. 또한 감사할 조건들뿐 아니라 삶의 치부를 가지고서도 언제든지 말씀 앞에 나아갈 힘을 얻는 것이며, 결과적으로 죄에서 돌이킬 기회를 얻게 되어 성령을 소멸치 않고 늘 풍성한 은혜를 누리게 됩니다.

언제나 말씀의 인도하심을 받는 삶은 주님과 동행하는 삶이며, 시냇가에 심은 나무처럼 생명이신 성령의 능력에 자신의 삶의 뿌리를 내리는 복을 누리게 되는 삶입니다.

2. 행사가 형통함

하나님께서는 말씀을 묵상하는 사람에게 어떠한 상황 속에서도 형통함을 주시는데 이는 언제든지 예수님과 동행하는 형통을 의미합니다. 세상적인 부와 명예를 누리는 길을 열어 주신다는 의미가 아닙니다. 모든 일 가운데서 주의 법으로 다닐 길이 무엇인지 알게 하여 주심으로 상황이 나를 해치 못하게 하시는 것입니다. 자신의 계획과 뜻을 우선하여 살면서 자신의 뜻대로 되지 않을 때만 하나님의 도우심을 구하는 삶은 하나님을 제한시키는 삶입니다. 그러나 날마다 말씀을 묵상하는 삶은 내 뜻대로 되지 않는다 하더라도 먼저 하나님의 계획과 뜻을 구하고 나의 시각을 하나님 중심으로 바꾸는 삶입니다. 이러한 삶은 선하시고 지혜로우신 하나님의 인도하심을 받을 수 있게 되고 그것이 자신에게 가장 형통한 길임을 신뢰할 수 있습니다.

> "아침에 나로 주의 인자한 말씀을 듣게 하소서 내가 주를 의뢰함이니이다 나의 다닐 길을 알게 하소서 내가 내 영혼을 주께 받듦이니이다 여호와여 나를 내 원수들에게서 건지소서 내가 주께 피하여 숨었나이다"(시 143:8-9)

날마다 하나님을 만나기 위하여, 하나님의 뜻을 구하고 듣기 위하여 말씀 앞에 앉는 사람은 자신의 욕심을 버리게 되고 하나님의 안목으로 모든 것을 볼 수 있는 지혜를 얻게 됩니다.

"하나님이여 내 속에 정한 마음을 창조하시고 내 안에 정직한 영을 새롭게 하소서"(시 51:10)

"여호와를 경외하는 것이 지혜의 근본이요 거룩하신 자를 아는 것이 명철이니라"(잠 9:10)

말씀을 묵상함으로 하나님 우선의 삶을 살기 위해서는 먼저 자신의 불신앙적이고 세상적인 가치관을 고칠 수 있도록 하나님께 자신을 내어 드릴 준비가 되어야 합니다. 하나님께서는 그런 자녀들에게 문제의 핵심을 파악하는 분별력과 하나님의 방법으로 문제를 해결하는 열쇠를 발견하게 하십니다. 하나님께서는 우리가 하나님의 법에 따라 살려고만 하면 말씀을 통해서 우리가 하는 모든 일에 대해 선한 해답을 주십니다. 하나님께서 해답을 주시면, 당면한 문제에 대하여 감정적이거나 세상적인 방법으로 반응하게 함으로써 상황이나 관계를 하나님의 뜻에서 멀어지게 하려는 사탄의 공격으로부터도 보호받게 됩니다.

3. 성품의 열매

말씀 묵상을 통해 하나님의 법에 따라 살려고 결심하고

하나님께 의지하면 상황의 변화 이전에 내가 변화되고 성숙하게 되는 축복을 얻게 됩니다. 또한 성품의 열매, 성령의 열매를 맺음으로 자기 자신뿐 아니라 다른 사람에게도 유익을 끼치게 됩니다.

나무의 열매는 나무 스스로가 먹지 않습니다. 열매를 따서 먹는 주변 사람이 그 혜택을 누리게 되는 것처럼 우리가 말씀을 묵상하는 중에 맺는 성품의 열매들은 나의 가족이나 주변의 모든 사람들이 그 유익을 경험하게 됩니다. 말씀 묵상을 즐겨 하는 사람은 자신이 속한 공동체와 하나님 나라를 풍성하게 하는 여러 가지 열매를 맺는데 이를 통해 하나님께서 존귀와 영광을 받으십니다.

풍성한 열매(성령, 성품)를 맺기 위해서는 말씀 묵상이 삶 가운데서 이루어져야 합니다. 그렇게 되면 나의 마음, 즉 내 속에 이미 심겨져 있는 지식, 감정, 의지가 구속되어 새롭게 변화합니다.

4. 세상을 이기는 형통(영적 전쟁에서의 승리)

"오직 너는 마음을 강하게 하고 극히 담대히 하여 나의 종 모세가 네게 명한 율법을 다 지켜 행하고 좌로나 우로나 치우치지 말라 그리하면 어디로 가든지 형통하리니 이 율법책을 네 입에서 떠나지 말게 하며 주야로 그것을 **묵상**하여 그 가운데 기록한 대로 다 지켜 행하라 그리하면 **네**

길이 평탄하게 될 것이라 네가 형통하리라"(수 1:7-8)

하나님께서는 가나안 땅을 정복해 들어가는 여호수아에게 승리의 전략으로 말씀 묵상에 대해 일러 주셨습니다. 여호수아가 200~300만 명의 이스라엘 백성을 인도하기 위해서 꼭 해야 할 일이 말씀 묵상이라고 알려 주신 것입니다.

모세의 뒤를 이은 여호수아가 그의 민족과 함께 가야 하는 새로운 땅은 많은 전쟁이 기다리고 있는 곳이었습니다. 그 많은 전쟁 앞에서 하나님께서는 형통에 대해 말씀하고 계십니다. 즉, 아무 전쟁 없이 무사 안일한 것을 형통이라 하지 않으시고 끊임없이 새로운 땅을 하나님의 나라로 취해 내는 것을 형통이라고 말씀하고 계시는 것입니다.

여기서 땅을 취한다는 것을 우리 자신의 소유를 넓히는 것으로 대입시켜 생각한다면 어리석은 일이 아닐 수 없습니다. 이는 우리의 삶의 모든 영역에서 이미 자리 잡고 있는 물질적이고 자기 성취적인 가치관이 깨뜨려지도록, 오직 진리만이 다스리시는 가치관이 실질적인 능력을 발휘하도록, 자신이 영적 전쟁에서 승리하였느냐의 과제로 이해해야만 하는 것입니다.

말씀을 묵상할 때 우리는 매일의 삶에서 여호수아처럼 세상과 타협하거나 세상의 가치관에 굴복하여 세상의 흐름에 편승하도록 하는 마귀의 유혹을 거절하고, 하나님 뜻에 순종함으로 세상을 이기는 형통함을 배울 수 있습니다.

이는 예수님께서 세상을 이기신 사랑과 순종의 모습과 닮아 있습니다. 우리는 말씀을 묵상함으로 그 힘을 얻을 수 있습니다.

 ## 5 하나님의 음성을 듣는 법

1. 하나님의 음성을 듣는 삶을 살기 위해서는 먼저 말씀하시는 하나님과 그분의 음성을 들을 수 있는 우리의 자녀 된 관계에 대해 올바른 이해가 필요합니다

하나님께서 우리를 지으시되 그의 형상을 따라 지으신 주된 이유는 우리가 그분과 교제할 수 있기를 원하셨기 때문입니다. 그분이 우리에게 말씀하기도 하시고 우리 말에 귀 기울이기도 하시는 것은 처음부터 하늘 아버지의 생각이셨습니다. 죄로 말미암아 그 관계에서 끊어졌던 우리는 예수 그리스도로 말미암아 하나님의 자녀가 되었습니다.

이제 우리가 하나님 음성 듣는 삶을 살기 위해서는 먼저 하늘의 아버지께서는 우리에게 개인적으로 다가오는 분이시라는 것과 우리는 그분의 음성을 들을 수 있는 자녀라는 것에 대한 이해와 믿음이 필요합니다.

하나님께서는 우리에게 말씀하시는 분이십니다.

"내 양은 내 음성을 들으며 나는 저희를 알며 저희는 나를 따르느니라"(요 10:27)

"하나님께 속한 자는 하나님의 말씀을 듣나니 너희가 듣지 아니함은 하나님께 속하지 아니하였음이로다"(요 8:47)

"대저 저는 우리의 하나님이시요 우리는 그의 기르시는 백성이며 그 손의 양이라 너희가 오늘날 그 음성 듣기를 원하노라"(시 95:7)

하나님께서는 우리의 고백을 듣기도 하시지만 우리에게 말씀하기도 하십니다. 양이 목자의 음성을 듣고 좇아가듯이 하나님의 사람들은 그분의 음성을 들을 수 있어야 합니다. 세상 어떤 소리보다도 하나님의 음성에 민감해야 하는 것입니다.

똑같은 하나님의 일을 하더라도 하나님 음성 듣는 것을 삶의 한 부분으로 삼는 경우와 그렇지 않은 경우의 결과는 매우 다르게 나타날 수 있습니다. 하나님 음성 듣는 것에 익숙하지 않거나 미처 준비되지 못하였다 할지라도, 사모하는 마음으로 말씀 앞에 겸손히 나아가는 자녀들에게 하나님께서는 신실하게 당신을 드러내시며 그 음성을 알아들을 수 있도록 성령께서 도와주실 것입니다.

그러면 어떻게 우리가 하나님의 음성을 들을 수 있을까

요? 우리가 하나님의 음성을 들을 수 있는 방법은 여러 가지가 있지만 무엇보다도 하나님의 말씀을 읽고 그 말씀을 묵상할 때 하나님께서는 기록된 말씀을 통해서 당신의 음성을 들려주십니다.

2. 하나님의 음성을 듣는다는 것에 대한 편견(부담)을 극복해야 합니다

우리는 종종 하나님의 음성을 듣는 것에 대하여 잘못된 이해를 가지고 있기 때문에 부담을 갖고 힘들어하는 경우가 있습니다. 그러면 우리가 가지고 있는 오해가 무엇일까요?

첫째로, 하나님의 음성을 육적인 음성으로 들으려고 하는 오해가 있습니다.

하나님께서 우리에게 말씀하시면 우리가 육적인 음성으로 듣는다고 생각하는 경우인데 극히 이례적인 경우를 제외하고 대부분의 경우는 그렇지 않습니다. 대부분의 경우에는 성령께서 마음에 주시는 세미한 음성으로 듣게 됩니다. 이것은 우리가 설교 말씀을 들을 때에, 혹은 기도 중에, 때로는 어떤 상황 가운데서 특별히 하나님께서 주신 생각이라고 여겨졌던 경험과 비슷하게 이해할 수 있습니다.

둘째로, 우리가 감히 하나님의 음성을 들을 수 없다는 오

해가 있습니다.

우리가 또 하나님의 음성을 듣는 것에 대해 가질 수 있는 오해는 우리가 감히 하나님 음성을 들을 수 없다고 생각하는 것입니다. 성경을 조금만 주의 깊게 살피면 예수님께서 우리를 얼마나 친밀히 여기셨으며, 지속적으로 하나님과 우리의 하나 됨에 대해 강조하셨는지 알 수 있습니다. 그럼에도 불구하고 실제로 하나님의 뜻을 알고 그분의 말씀을 경청하는 데 시간을 들여야 한다고 생각하는 사람은 많지 않습니다.

여러분, 여러분 자신이 하나님의 자녀인 것을 믿으십니까? 자신이 하나님의 자녀인 것을 믿는다면 하늘 아버지의 음성을 경청하는 일이 자신에게는 해당되지 않는다든가, 특별한 사람에게만 해당된다고 생각할 필요가 없습니다.

셋째로, 정확하게 듣지 못하는 것에 대한 부담감이 있을 수 있습니다.

위의 두 가지 오해가 해소되었다 하더라도 우리가 늘 하나님의 정확한 음성을 듣는 것은 아니라는 사실을 인정할 필요가 있습니다. 하나님의 음성을 듣고 순종하는 삶이 훈련되어 있지 않다면 우리는 그분의 음성을 듣는 데 시행착오를 겪을 수 있습니다. 때로는 잘못 들을 수도 있을 것입니다. 그러나 겸손한 자세로 말씀을 묵상하는 시간을 성실히 지키고 있다면 염려할 필요가 없습니다. 또한 성령의 인도하심을 구할 때, 기록된 다른 말씀과의 상충 여부를 통해, 드러난 상황을 통해, 영적 지도자의 도움을 통해 올바른 길로 인도될 수 있습니다. 하나님께서 오늘의 나에게 하시려고 하는 말씀이 무엇인지 듣기 위하여 귀를 기울이는 자세를 갖추는 것만으로도 하나님을 기쁘시게 하며 성령의 도우심을 받을 수 있을 것입니다. 그러므로 하나님의 음성을 듣기 위해서는 실패할 것을 두려워하거나 또는 지나치게 자만하여 실패를 인정하지 않는 어리석음을 극복하는 것이 필요합니다.

3. 자신에 대한 정직한 고백과 질문들이 필요합니다

이제 말씀을 묵상하는 시간에는 본문의 말씀을 따라 성령이 생각나게 하시는 대로 나의 처한 상황과 생각, 감정 등을 하나님께 고백하고 질문하는 것이 마음을 열게 하는데 도움을 줍니다.

우리는 말씀 앞에 앉아서 날마다 만나는 갈등, 감정의 요동함, 이해할 수 없는 일, 중요한 결정들에 대해 하나님께 아뢰고 질문하며 도움을 구할 수 있습니다. 그 과정 중에 나의 마음이 하나님을 향해 열리게 되며, 성령께 나 자신의 모습을 조명하시도록 내어드리게 되므로 하나님 음성 듣기가 훨씬 수월해집니다.

말씀을 묵상하는 시간에는 나의 현실적인 필요를 채우기

위한 해답을 즉시로 구하려 하기보다는 나를 주장하고 있는 생각들을 겸손히 내려놓고 묵상의 주체이신 하나님께 온전히 나아가려는 태도를 가질 필요가 있습니다.

앞에서도 언급했듯이, 하나님의 음성을 잘 듣기 어려운 이유 중의 하나는 묵상 시간에만 갑자기 하나님의 음성을 들으려 하기 때문입니다. 그러므로 우리는 묵상 중에 주신 말씀으로 하루를 지내면서 하나님의 음성을 들을 귀를 열어 놓고 귀 기울일 필요가 있습니다. 그 모든 세미한 음성을 좇아온 결과로 묵상 시간에 집중적으로 들을 귀가 열리는 것입니다.

4. 말씀을 반복하여 읽고 묵상하면서 기다려야 합니다

이제는 하나님의 음성을 듣기 위해서 잠잠히 기다리는 훈련이 필요합니다. 이것은 성령께서 일하실 공간을 내 안에 만들어 드리려는 집중적인 노력입니다.

말씀 묵상을 시도한 많은 사람들이 하나님 음성을 듣기 위하여 잠잠히 기다리는 이 시간을 매우 어려워해서 포기하는 경우가 종종 있습니다. 그러나 포기하지 마십시오. 하나님께서는 우리에게 말씀하시는 분이라는 믿음이 준비되었다면, 자신의 고백과 질문들에 대한 하나님의 응답을 듣기 위하여 본문 말씀을 묵상하면서 기다리는 것이 그다지 어렵지 않을 것입니다.

일단 말씀 앞에 앉게 되면 그 시간을 인도해 가시는 분은 성령님이십니다. 그러므로 내 안의 것들을 정직하게 드러내고 고백한 후 반드시 본문 말씀으로 돌아가 반복하여 읽으면서 성령의 음성에 귀를 기울여 들어야 합니다. 이것은 하나님께 깊이 나아가기를 원하는 그리스도인들에게 필요한 경건 훈련입니다.

우리의 내면과 주변에 임하시는 하나님을 알아보지 못하게 막는 눈가리개를 이 시간을 통해 벗겨 냅시다. 그리고 시간과 공간을 하나님께 떼어 드려 거기서 듣는 법을 배우게 되시기 바랍니다.

5. 하나님께서 우리를 개인적으로 만나 주시고 그분의 음성을 듣게 해 주십니다

이제 하나님께서는 우리 자신이 미처 깨닫지 못하고 있던 선하지 않은 동기와 태도에 대해 드러내 주시거나 또는 하나님의 사랑에 대하여, 믿음에 대하여 소망이신 예수 그리스도에 대하여 레마의 말씀으로 조명하여 주십니다. 그리고 스스로 지고 있던 무거운 죄 짐을 깨닫게 하시고 그 죄 짐을 벗게 하심으로 자유케 하시기도 합니다. 도저히 스스로 넘어갈 수 없는 장애물을 만났을 때는 묵상 중에 들려주시는 음성을 통해 하나님께서 나와 얼마나 가까이 동행하시는지 느끼게 하심으로 잃었던 믿음을 회복하게도 하여 주십니다. 자신의 부족함으로 정죄감에 싸여 좌절하고 있을 때에 묵상 중에 듣는 하나님의 음성은 2,000년 전의 예수 그리스도의 보혈의 능력을 오늘의 나를 위한 것으로 받아들이게 하심으로 그 넘치는 은혜에 눈물로 화답하게도 하십니다.

이렇듯 묵상 중에 듣는 하나님의 음성은 성경에 기록되어 있는 모든 말씀을 오늘의 내가 경험하게 하므로 삶의 현장에서 살아 역사하는 능력이 있습니다. 그러므로 하나님의 음성을 듣게 될 때에는 하나님 앞에 가까이 나아가고 있는 자신에 대해 인정하고 새롭게 받아들이십시오. 여러분은 지금 하나님을 만나고 있는 것입니다!

6 하나님이 말씀하시는 방법은 다양합니다

1. 기록된 말씀으로 하십니다(시 119편).
2. 그리스도의 몸 안에 있는 경건한 지체를 통해 말씀하십니다.
3. 들리는 음성으로 말씀하십니다(행 9:3-7, 출 3:4).
4. 주변 상황을 통해 말씀하십니다.
5. 꿈을 통해 말씀하십니다(마 2:12).
6. 환상을 통해 말씀하십니다(행 18:9-10).
7. 천사를 통해 말씀하십니다(눅 1:26-38).

8. 자연을 통해 말씀하십니다(시 19편).

7 말씀 묵상의 자세

1. 겸손해야 합니다

하나님의 인도하심을 받고자 할 때 우리에게 가장 필요한 것 중의 하나는 겸손입니다. 교만한 자는 하나님께 시간을 드려 그분의 얼굴을 구하고자 하는 필요를 전혀 느끼지 않습니다. 자신이 직접 결정을 내리고 그 결정이 하나님의 뜻이라 간주함으로써 하나님으로부터 독립하여 살아가는 삶은 하나님의 관점으로 볼 때 교만하고 어리석은 것입니다.

우리에게 겸손의 모범이 되신 예수님께서는 크든 작든 모든 문제를 가지고 나아가 하나님의 얼굴을 구하셨습니다.

"내가 진실로 너희에게 이르노니 아들이 아버지의 하시는 일을 보지 않고는 아무것도 스스로 할 수 없나니 아버지께서 행하시는 그것을 아들도 그와 같이 행하느니라"(요 5:19)

우리는 말씀 묵상 중에 듣는 하나님의 음성에 대하여 감사히 받으며 귀하게 여길 수 있어야 합니다. 이것을 소홀히 여기지 마십시오. 행여 하나님으로부터 자신이 듣는 음성에 대하여 부족한 내가 얼마나 정확히 들었겠는가 하는 우려 때문에 대수롭지 않게 여기거나 형식적으로 받아들인다면 크나큰 오류를 범하는 것입니다.

자신에게 임하시는 하나님을, 그 레마의 인격의 말씀을 가볍게 여기는 것은 불신앙으로부터 나오는 것이며, 자신에게 임하시는 복을, 은혜를 누릴 기회를 잃는 것입니다. 자신에게 임하시는 하나님의 말씀을 귀히 여기고 놀라운 은혜로 받아들일 때 성령께서 온전히 우리를 주장해 가실 것입니다.

2. 정직한 마음을 지녀야 합니다

말씀 앞에 앉을 때에 우리는 자신의 깊숙한 곳에 숨어 있는 부끄러운 생각과 감정까지라도 정직하게 드러낼 준비가 되어 있는지 살펴보아야 합니다. 묵상 시간은 자신을 하나님께 정직히 드러내는 시간이기도 합니다. 우리는 자기 자신에 대해서도 정직하지 못할 때가 많습니다. 이것은 내 안에 평안함이 없는 근본적인 이유 때문이며, 이는 주 안에서 형통한 삶을 사는 데 가장 큰 걸림돌이 됩니다.

"하나님이여 내 속에 정한 마음을 창조하시고 내 안에
정직한 영을 새롭게 하소서"(시 51:10)

하나님 앞에 나아갈 때도 자신의 모습을 그대로 드러내기보다는 가려진 모습으로, 하나님이 원하시지 않는 다듬어진 모습으로 나아가는 경우가 얼마나 많습니까? 이는 신앙생활을 열심히 해도 하나님을 만날 수 없는 원인이 되기도 합니다.

우리의 모든 것, 마음에 품은 생각까지라도 이미 알고 계시는 하나님께서는 우리가 감추고 싶어하는 부분을 계속 짐으로 지지 않고 하나님께 드러내기를 원하십니다. 우리의 짐을 솔직히 고백했을 때도 하나님께서는 여전히 우리를 사랑하고 계심을 잊지 말아야 합니다. 그렇게 함으로써 하나님께서는 우리를 자유케 하여 주실 수 있습니다. 또한 내 안에 있던 죄에 대한 열등감, 수치심, 두려움이 없어지므로 자기 스스로를 용납할 수 있게 되고 다시 하나님 앞에 더욱 가까이 나갈 수 있는 용기를 가지게 합니다. 자신의 어떤 부분이든 빛 가운데로 가져가 드러낼 수 있게 됨으로 겸손한 자리에 들어갈 수 있습니다.

묵상을 통해 나의 열등감, 정죄감, 완악함 등의 죄 짐을 그리스도 앞에 내려놓을 수 있다면 수고하고 무거운 짐들이 가벼워져서 진정 예수 그리스도의 마음으로 '슬퍼하는 자와 함께 슬퍼하고 기뻐하는 자와 함께 기뻐' 할 수 있어집니다.

3. 성실함을 지녀야 합니다

말씀 묵상을 처음 시작하는 사람에게는 하나님의 음성을 듣기 위해 규칙적으로 혼자만의 공간과 시간을 마련하여 조용히 앉는 것이 어렵게 여겨집니다. 사실 이것은 이미 말씀 묵상을 하고 있는 사람들에게도 쉬운 일이 아닙니다. 이미 교회 봉사에 많은 시간을 들이고 있는 것으로 만족하여서 따로 개인적인 시간을 갖는 것에 대하여 필요성을 못 느낄 수도 있으며, 필요성을 느낀다 하더라도 막상 그 시간을 마련해 내는 데에는 영적 전쟁이 따르게 됩니다.

원수는 하나님의 말씀을 날마다 묵상함으로 성령의 인도하심을 친히 받는 삶의 위력을 잘 알기 때문에 어떻게 해서든 그 시간을 방해하려 할 것입니다. 졸음이나 잡다한 스케줄, 전화 벨소리, 산적한 많은 일거리, 나를 사로잡는 분요한 생각들…. 당신은 이러한 것들을 뒤로 할 만큼 하나님을 사랑하십니까?

주의 음성 듣기를 원하여 날마다 말씀 묵상 시간을 지키다 보면 차츰 수없이 들려 오는 많은 소리 중에 성령께서 주시는 하나님의 음성을 분별할 수 있게 됩니다. 그러므로 우리는 먼저 하나님 음성을 듣기 위해 말씀 앞에 앉는 것 외에 어떤 것에도 우선권을 빼앗기지 않기 위해 노력해야 합니다.

매일 꾸준히 말씀 앞에 앉기로 결정하였다면 간단한 기

도나 찬양으로 시작하는 것이 집중하는 데 도움이 될 것입니다. 성경을 공부하는 시간이나 통독하는 시간은 묵상과 구별되게 따로 갖는 것이 좋으며, 묵상 시간에는 날마다 일정 분량의 성경 본문을 정하고 그 내용을 반복하여 읽고 생각하면서 하나님께서 나에게 말씀하시는 것에 귀 기울이기에 힘쓰도록 합니다. 이렇게 말씀을 묵상하기 시작하면, 그리고 겸손히 말씀 앞에서 기다리면 하나님께서는 우리를 더욱 가까이 만나 주실 것입니다.

기도 1. 우리의 믿음 생활에서 말씀 묵상의 중요성을 깨닫고, 묵상 시간을 가지기로 결단하며 그 시간을 방해받지 않도록 성령께서 도와주시기를 기도합시다.

2. 하나님 음성 듣는 것에 대한 부담감을 내려놓고 믿음을 가지며 각자의 말씀 묵상 시간에 하나님 음성을 잘 들을 수 있도록 성령께서 도와주시기를 기도합시다.

1. 성경책, 휴대 가능한 노트, 필기 도구, 찬양집을 준비합니다.

2. 편안하고 조용한 장소에 앉습니다.

3. 찬양과 간단한 기도를 통해 하나님께서 말씀하시는 것을 알아듣게 도우시도록 성령님을 초청합니다.

4. 주어진 본문을 일정 분량 읽습니다(5~10절 정도). 말씀은 어느 부분을 읽어도 좋으나 될 수 있으면 성경의 한 부분을 정하여 1장부터 끝 장까지 순서대로 읽도록 합니다. 창세기부터 요한계시록까지 고르게 묵상할 수 있는 기회를 갖는 것이 좋습니다. 처음 시작하는 사람은 요한복음부터 시작하기를 권합니다.

성경 공부를 하거나 교훈을 깨닫는 시간과는 구분됩니다.

5. 주어진 본문 중에 마음에 부딪히는 말씀이 있을 때까지 여러 번 읽습니다. 요즈음 내가 집중하고 있는 일이나 주변의 상황 등 자신에 관한 정보들을 하나님께 드러내면서 겸손한 마음으로 오늘의 말씀을 읽다 보면 특별히 마음에 걸리는 부분이 있습니다. 이 말씀은 문맥 전체, 한 문장, 한 단어 어느 것이라도 될 수 있습니다.

6. 부딪힌 말씀의 구절 전체를 묵상 노트에 적고 해당 단어에 밑줄을 긋습니다.

7. 그 구절, 단어, 또는 문맥 전체의 말씀에 대해 떠오르는 나의 생각을 정직하고 자세하게 적습니다. 일반적인 생각, 또는 현재 상황, 기억, 느낌 등 어느 것일 수도 있습니다.

8. 이제 충분히 털어놓았으면 성령이 주시는 하나님 음성을 들을 차례입니다. 듣기 위하여서는 말씀을 반복하여 읽는 과정이 중요합니다. 본문으로 돌아가 자신이 고백한 내용에 대해서 성령이 주시는 세미한 음성을 듣습니다. 이 시간은 믿음과 기다림이 필요한 시간입니다. 그리고 성경 공부를 하거나 교훈을 깨닫는 시간과는 다름을 분명히 숙지해야 합니다.

9. 성령께서 주시는 생각을 적습니다. 하나님께서 나에게 말씀하시는 것을 대화 형식으로 표현해 보십시오. 즉, 독백을 대화 형식으로 바꾸어 봅니다.

10. 하나님께서 충분히 먹여 주시도록 고백하고 듣기를 반복하며, 성령께서 주시는 생각을 들을 때에는 반드시 본문으로 돌아가 말씀을 통해 듣도록 합니다. 말씀이 안전장치가 되어 우리를 옳은 길로 인도하실 것입니다.

11. 삶에 적용할 차례입니다. 만일 행동으로 옮겨야 할 일이 있으면 즉시, 온전히, 기쁜 마음으로 순종합니다. 묵상은 계시(레마의 말씀)를 불러오며 진리의 계시는 우리에게 적용하도록 동기를 부여하는 최고의 요인이 됩니다. 묵상한 것으로 하루를 살며 그 말씀을 되새김질하는 중에 예배의 삶으로 연결되도록 합니다.

12. 말씀해 주신 것에 감사를 드립니다.

13. 기도로 마칩니다.

기도의 만남 주

마음의 문 열기와 지체를 위한 중보 기도

■ ■ ■ ■ ■ 오늘의 말씀 | "그러므로 염려하여 이르기를 무엇을 먹을까 무엇을 마실까 무엇을 입을까 하지 말라 이는 다 이방인들이 구하는 것이라 너희 천부께서 이 모든 것이 너희에게 있어야 할 줄을 아시느니라 너희는 먼저 그의 나라와 그의 의를 구하라 그리하면 이 모든 것을 너희에게 더하시리라"(마 6:31-33)

첫번째 기도의 만남 시간에는 팀 구성원 간에 마음의 문을 여는 시간을 갖습니다.

아래의 질문을 가지고 각 사람이 돌아가며 자신의 경험을 진솔하게 나누도록 합니다. 각자의 경험을 나눌 때는 한 사람당 10분 정도가 적당합니다.

▶ 마음의 문 열기

1. 10세 이후의 나를 돌아보십시오. 가장 추웠던 시절에 대해 나누어 봅시다.
2. 또한 가장 따뜻했던 시절은 언제였습니까?
3. 예수 그리스도를 개인적으로, 인격적으로 만난 때는 언제입니까?

각 사람이 위의 세 가지 질문에 대하여 돌아가며 나누어 보십시오. 인도자는 정해진 시간에 마칠 수 있도록 한 사람이 사용할 시간을 미리 분배하여 줍니다.

한 사람이 나눌 때에 다른 사람들은 그 사람을 위해 기도하는 마음으로 경청하며, 나눈 내용에 대해서는 아무리 사소한 내용이라도 다른 사람에게 말하지 않도록 서로 신의를 지킵니다.

▶ 기도하기

각자의 이야기를 들으며 서로를 조금씩 이해하게 되었을 것입니다. 이제 두 사람씩 짝을 지어 서로를 위해 기도하는 시간을 갖습니다. 이때 팀원 모두 통성 기도로 드리도록 합니다.

당면해 있는 문제만을 나누기보다 그리스도 예수 안에서 쓰임 받기 원하는 자신의 소망을 나누고 하나님 뜻 안에서 그것이 이루어지도록 서로 기도하십시오.

나눈 기도 제목을 가지고 다음 모임이 있을 때까지 각자의 기도 시간에 서로를 위해 꾸준히 기도합니다. 기도 중에 주신 말씀이나 생각을 묵상 노트의 뒷면에 기록하면 기도 노트와 병행하여 사용할 수 있습니다.

중보 기도

■ ■ ■ ■ **이 과를 통해**
당신은

1. 중보 기도의 개념과 중요성을 이해하게 됩니다.
2. 예수 그리스도께서 지니신 중보자의 마음에 대해 배움으로 긍휼한 마음을 품고 기도할 수 있게 됩니다.
3. 하나님의 뜻이 이 땅에 이루어지도록 중보 기도에 힘쓰게 됩니다.

■ ■ ■ ■ **오늘의 말씀**

"내 이름으로 일컫는 내 백성이 그 악한 길에서 떠나 스스로 겸비하고 기도하여 내 얼굴을 구하면 내가 하늘에서 듣고 그 죄를 사하고 그 땅을 고칠지라 이곳에서 하는 기도에 내가 눈을 들고 귀를 기울이리니"(대하 7:14-15)

성경에는 많은 하나님의 사람들이 기도하는 삶과 그 내용이 기록되어 있으며, 기도는 하나님의 백성들이 믿음으로 살아가는 데 은혜와 능력을 공급하여 왔습니다. 예수님 자신도 이 땅에 계시는 동안 하늘의 아버지께 기도하기 위해 따로 시간을 갖곤 하셨으며, 우리에게 직접 기도하는 법과 그 놀라운 능력에 대해 가르치심으로 어떻게 하나님의 도움을 구하고 입으며 살아갈 수 있는지 구체적인 방법을 제시하여 주셨습니다. 또한 초대 교회는 함께 모여 기도할 때에 놀라운 성령의 능력을 경험하였으며, 사도 바울도 그 자신이 기도의 사람이었음을 기록하고 있고 우리에게 기도의 중요성에 대해 당부하고 있습니다.

이토록 중요한 기도 영역에 대하여 우리는 언제부터인가 '중보 기도'라는 새로운 용어를 사용하게 되었습니다. 또한 하나님의 뜻을 이루어 가는 데 있어서 중보 기도의 중요성이 강조되기 시작했습니다. 그러면 중보 기도는 이전에 없었던 새로운 기도의 영역인 것일까요? 그리고 '기도' 앞에 특별히 '중보'라는 단어를 붙여 구분하는 이유는 무엇일까요? 중보 기도라는 용어가 사용되게 된 배경과 그 뜻에 대해 살펴봅시다.

① 중보 기도에 대한 이해

1. 오늘날의 중보 기도는 성경이 제시하는 기도의 일반적인 모습입니다

성경에서 기도의 사람이라고 알려진 대부분의 인물들이 어떻게 기도했는지를 살펴보면 우리가 중보 기도라고 말하는 기도의 영역이 오늘날에 새롭게 생겨난 것이 아니며, 성경의 곳곳에 나타난 일반적인 기도의 모습임을 알 수 있습니다.

믿음의 조상 아브라함으로부터 모세, 엘리야, 느헤미야, 다니엘이 드렸던 기도는 오늘날 우리가 힘써야 하는 중보 기도와 같습니다. 그들은 나라와 민족을 위하여 기도하였으며, 그 백성들의 죄악을 위하여 자신들이 회개하는 자리에 들어갔고, 자신의 유익을 구하기보다는 하나님의 나라와 의를 구하는 데 기꺼이 자신을 내어 드리는, 진정 하나님을 사랑하고 긍휼을 베푸는 사람들이었습니다. 그것은 구약 시대뿐 아니라 예수님과 바울, 초대 교회에서도 볼 수 있는 동일한 기도의 모습입니다.

이 시대에 특별히 중보 기도라 구분하고 그 중요성을 강조하게 된 것은 무엇 때문일까요? 오늘날 많은 그리스도인의 기도가 자신의 삶을 성경적인 원칙과 가르침으로부터 왜

곡되게 하는 방향으로 흘렀기 때문입니다.

그러므로 중보 기도는 성경적인 기도의 가르침과 성경의 사람들이 보여 준 기도의 모습을 회복하려는 노력에서 나온 용어로 이해할 수 있습니다. 성경의 기도들 속에 내포되어 있는 중보의 개념을 강조함으로써 우리가 올바른 기도 생활을 할 수 있도록 방향 제시의 역할을 하고 있는 것입니다.

2. 중 보

'중보(Intercession, 仲保)'라는 말은 '중재'와 비슷한 뜻으로 '누구와 누구의 멀어진 사이에 들어가 화해시키다'라는 뜻입니다.

사람과 사람 사이를 화해시키고 중재하는 일은 간간이 있을 수 있습니다. 또한 성경에서도 롯을 구하기 위해 간청하였던 아브라함이나, 자신의 민족을 위하여 목숨을 내놓고 구하였던 모세 그리고 느헤미야, 다니엘 등도 그들이 기도하였던 대상을 향하여서는 중보자적인 역할을 하였음을 알 수 있습니다.

그러나 죄로 인하여 하나님에게서 멀어졌던 우리를 하나님과 화평케 하실 수 있으셨던 중보자는 예수님 한 분뿐이셨습니다. 그분은 우리가 죄로 가로막혀 하나님과 직접 교통할 수 없게 되었을 때에 죄의 문제를 해결하시고 하나님과 사람 사이에 막힌 담을 허무시려고 이 땅에 오셨습니다.

말할 수 없는 흉악한 죄를 친히 담당하시기 위해 순종하심으로 십자가의 형벌을 받으시고 죽으셨으며 다시 살아나심으로 우리가 하나님께 나아갈 수 있도록 해 주신 분이 예수님이십니다. 예수님은 하나님의 사랑을 인류에게 나타내셨을 뿐 아니라 우리가 하나님께 나타내게 되도록 길을 열어 주셨습니다. 예수님은 지금도 하나님의 보좌 오른편에 앉아 계시고 우리를 위해 중보 기도하심으로 성도를 도우시며 온 세계를 통치하고 계십니다(롬 8:34, 히 7:25).

그러므로 참된 중보의 개념은 예수 그리스도로부터 배울 수 있으며, 예수님 이후로 계속되는 역사 속에서 그의 뒤를 따르는 자들은 그가 완성하신 중보 사역을 이 땅에서 본받아 가고 있습니다. 전도나 구제, 치유, 가르침과 같은 사역도 중보적이라 할 수 있습니다.

그리스도인들은 예수님의 장성한 분량에 이르기까지 그를 닮아서 세상 사람들에게 예수님을 대표하고 그의 사랑을 나타내야 합니다. 우리가 예수를 구주로 영접하였다면 우리의 삶은 총체적으로 그의 중보적 삶으로 초청되었음을 뜻하는 것입니다(고후 5:18-19). 우리가 예수를 구주로 영접하였다면 예수 그리스도의 사랑으로 생명이 있는 자는 없는 자를, 믿음이 강한 자는 약한 자를, 부유한 자는 가난한 자를 이끌어 참 중보자 앞으로 갈 수 있도록 우리는 서로에게 작은 중보자의 역할을 할 수 있습니다.

② 중보 기도

1. 중보자의 마음을 품는 기도

우리는 일반적으로 중보 기도에 대해서 '나와 내 가족이 아닌 다른 사람을 위해 하는 기도'라는 정도로 이해하고 있지만, 무엇보다도 중보 기도에 있어서 가장 먼저 나누고 싶은 것은 '예수 그리스도의 중보자의 마음'을 품는 기도입니다. 중심을 보시는 하나님께서는 입술의 말이 아닌 마음 중심에서 우러나오는 기도와 일치된 태도에 응답하시기 때문입니다.

> "너희 안에 이 마음을 품으라 곧 그리스도 예수의 마음이니 그는 근본 하나님의 본체시나 하나님과 동등 됨을 취할 것으로 여기지 아니하시고 오히려 자기를 비어 종의 형체를 가져 사람들과 같이 되었고 사람의 모양으로 나타나셨으매 자기를 낮추시고 죽기까지 복종하셨으니 곧 십자가에 죽으심이라"(빌 2:5-8)

성경은 "너희 안에 이 마음을 품으라 곧 그리스도 예수의 마음이니"라고 말씀하고 계십니다. 하나님과 사람 사이에 중보자는 오직 예수님 한 분뿐이십니다. 그러나 오늘 말씀에서 가르치심과 같이 우리는 그분의 중보자의 마음을 배우고 품을 수 있어야 합니다. 그리스도 예수의 마음은 곧 중보자의 마음이고 그것은 곧 긍휼히 여기는 마음이라고 설명할 수 있습니다.

이 말씀에서와 같이 그분이 하나님이셨음에도 불구하고 자기를 비어 그 권리를 포기하신 것은 죄에 묶여 있는 우리를 긍휼히 여기시어서 하나님께로 가까이 가게 하시려는 크신 사랑 때문이었습니다. 그래서 십자가를 지실 수 있었던 것입니다.

예수님께서 그 사랑으로 우리를 하나님께 가까이 갈 수 있도록 해 주신 것처럼 우리가 그분의 마음을 품고 기도할 때 기도를 통해서 다른 사람들이 하나님께로 가까이 갈 수 있도록 도울 수 있습니다(아직도 하나님을 알지 못하는 사람, 여전히 하나님과 거리를 둔 채로 세상과 병행하는 사람, 시험에 든 사람, 사탄의 밥이 되고 있는 사람 또는 그런 사회를 긍휼히 여길 수 있어야 합니다).

긍휼히 여기지 않으면 기도가 나오지 않습니다. 그리고 그 기도의 범위가 억지로 넓혀지지 않습니다. 나와는 다른 상황, 다른 조건에 있는 중보 기도 대상들을 내 입장에서 품고 기도하는 것에는 누구나 한계가 있습니다. 내 입장에서는 이해가 되지 않는 경우가 있고 그러면 거부감이 생기고 거리를 두게 되기 때문입니다. 그러나 내 입장이 아닌 그 기도 대상의 입장이 되어 볼 수 있다면, 그래서 그 상황에 처하게 된 상태를 깊이 공감하게 된다면 그 내면의 고통과 신음이 어떠한지 이해할 수 있으며 그 대상을 진심으로 돕고 싶어질 것입니다. 그것이 긍휼히 여기는 마음입니다. 상대방의 입장이 되어 보는 것이 자연스럽게 긍휼히 여기는 마음을 품는 데 도움을 줍니다.

예수 그리스도를 받아들인 사람들은 그 안에 주가 들어오심으로 그분의 마음을 품을 수 있는 씨앗이 있습니다. 하나님을 사랑하여 그의 뜻에 순종하고자 하며, 자신 안에 있는 그리스도 예수의 마음을 발견하고 세상 가운데 있는 사람들을 긍휼히 여기는 마음을 기도 시간에 나타낼 기회를 가져야 합니다.

우리는 주의 사랑으로 긍휼히 여김을 받은 사람들입니다. 예수님께서는 언제나 우리의 입장이 되어 주셨습니다. 우리는 예수님께서 당부하신 대로 그 사랑을 나누기 위하여 그리스도의 몸 안에 있는 지체들뿐 아니라 여전히 죄와 사망 가운데 있는 자들과 패역한 이 땅을 향하여서도 고쳐 주시도록 하나님의 긍휼을 요청하는 기도의 자리에 들어갈 수 있습니다. 병들고 썩어 가는 사회에 대하여 비난하거나 무관심하지 않고 그들도 그리스도의 사랑이 필요한 줄을 알아 그것을 구하는 것입니다.

그러니까 우리가 다른 사람을 위해 중보 기도한다고 할 때 알아야 할 것은, 향방 없이 구하는 것이 아니라 예수님처럼 그를 긍휼히 여기고 그를 하나님께로 가까이 인도하려는 마음으로 기도해야 하는 것입니다. 우리가 하나님의 사람이라면 누군가의 입장이 되어 줄 때 그에게 가장 필요한 것은 하나님의 사랑이라는 것을 잘 알고 있을 것이기 때문입니다.

아브라함이 롯을 위해 타락한 소돔과 고모라 성의 구원을 요청했던 자리, 모세가 자신의 패역한 백성들을 위해 자신의 목숨까지 내걸며 용서해 주시기를 구했던 자리, 예수님이 자신을 못 박는 세상을 향해 그들의 죄를 덮으셨던 자리는 모두 그들의 입장이 되어 긍휼히 여기고 하나님의 긍휼을 요청하는 자리였습니다. 그러므로 우리도 중보 기도할 때 기도하는 대상의 잘못을 정죄하여 내가 고치거나 바로 잡으려는 심판자의 자리에 들어가지 않도록 주의하며, 하나님의 긍휼을 구하는 사랑의 자리에서 벗어나지 않도록 겸손히 기도해야 합니다.

우리가 무슨 사역을 하든지 무슨 일을 맡았든지 이 예수님의 마음을 품는 것은 너무나도 중요하고 근본 되는 일입니다. 교회에서 봉사를 하는 경우에도 어느 부서에 있든지 무엇을 맡았든지 내가 무엇을 맡았기 때문에 내가 맡은 일을 잘해야겠다는 마음도 좋지만, 보다 바람직한 것은 주님의 몸을 세우기 위해서 어찌하든지 사람들을 긍휼히 여기고 그들을 조금이라도 하나님께로 더 가까이 인도하기 위한 마음이 그 일을 하는 원동력이 되어야 합니다. 예수님의 중보자의 마음을 품게 되면 하나님과 사람 사이에서 사랑의 메신저가 됩니다. 그렇게 되면 서로 세워 주기를 힘쓰며 서로

가 세워지는 것을 기뻐하고 섬길 수 있게 됩니다.

중보 기도는 믿는 자에게 내재되어 있던 주의 사랑이 넘쳐서 주변으로 흘러가는 데까지 이르지 못하게 하였던 여러 가지 장애를 극복할 수 있게 합니다. 먼저, 기도하는 사람 자신을 하나님께로 가까이 가게 하며, 그것은 더욱 주의 마음을 배우게 하여 겸손히 기도로 순종하고 기도로 섬기는 길로 인도합니다.

처음에는 익숙하지 않아 한두 마디로 시작하더라도, 성령께서 주시는 음성에 귀 기울여 자신의 주변으로부터 시작하여 차츰 그 범위를 넓혀 가다 보면 자신 안에 있는 그리스도의 사랑이 얼마만큼 큰 능력을 나타내는지 경험하게 될 것입니다.

2. 하나님의 뜻을 구하는 기도

예수님께서는 우리가 어떻게 기도해야 할지 지표로 삼을 만한 기본 틀에 대해서 가르쳐 주셨습니다. 바로 주기도문과 "너희는 먼저 그의 나라와 의를 구하라"는 말씀입니다.

우리의 기도 생활은 무엇보다 예수님의 가르침을 따라가도록 힘쓰는 생활이 되어야 할 것입니다. 주기도문의 앞부분을 보십시오.

"그러므로 너희는 이렇게 기도하라 하늘에 계신 우리 아

버지여 이름이 거룩히 여김을 받으시오며 나라이 임하옵시
며 뜻이 하늘에서 이룬 것같이 땅에서도 이루어지이다"(마
6:9-10)

　어떻게 기도해야 할지를 묻는 제자들에게 예수님께서는
기도를 가르쳐 주시면서 가장 먼저 하나님의 거룩한 이름에
대한 찬양과 그의 나라가 이곳에 임하시기를 원하며 그의
뜻이 이 땅에 이루어지기를 구하라고 제시하셨습니다. 우
리는 이 가르침을 소중히 여겨 문장 그대로를 암송하고 있
지만 그것에 그치는 것이 아니라, 우리의 기도 시간에 자신
이 고백하는 내용들이 그런 소원을 담고 있어야 한다는 가
르침으로 받아들여야 할 것입니다.
　그러므로 우리는 기도할 때 먼저 하나님의 하나님 되심
과 그 어떠하심, 우리에게 어떻게 행하심에 대해 선포하기
를 즐겨 하여 그의 이름을 높여야 합니다(하나님은 선하신 분
이십니다, 참으로 이 땅에 하나님 같이 신실하신 분이 없으십니
다, 하나님은 마땅히 우리 가운데 가장 높으십니다). 그리고 하
나님의 나라가, 그의 뜻이 이 땅에 이루어지는 데 소망을
두어 그에 합당하게 자신의 위치에서 마땅히 구할 것들을
구해야 합니다. 그것이 구체적으로 무엇일까요? 예를 들어
우리의 주변에, 이 지역에, 우리나라에, 하나님의 뜻과는
다른 일들이 자리 잡고 있는 것을 볼 때에 그곳에 하나님의
뜻대로 공의와 사랑이 회복되기를 기도한다면, 그래서 그

렇게 된다면 그곳에 여러분의 기도 때문에 하나님의 나라가 세워지는 것 아니겠습니까?

개인적인 기도 제목에 대해서도 하나님의 뜻을 구하고 순종하려는 자세가 필요합니다. 우리는 자신의 근시안적인 뜻을 하나님께 관철시키고 그것을 구하는 데 익숙해 있지만 조금만 지혜롭게 생각해 본다면 선하신 하나님의 경륜에 의지하는 것이 보다 현명하다는 것을 알 수 있습니다. 하나님을 경외하는 지혜로운 자는 그의 인도하심을 온전히 따라가는 것이 자신의 근시안적인 뜻을 하나님께 관철시키는 것보다 현명하다는 것을 알고 있을 것입니다.

일례로, 자녀들을 위해 좋은 대학, 좋은 직장을 원하여 기도하지만 그것만을 구하다 보면 그 아이의 일생에 진정으로 필요한 하나님을 구하지 않으므로 다른 많은 문제들을 만날 수 있습니다. 때문에 자녀들이 하나님의 사람들이 되도록, 예수 그리스도를 빨리 인격적으로 만나도록, 자녀들이 자신의 목소리로 "예수님께서는 내 인생의 주인이십니다."라고 고백할 수 있도록 기도하는 것이 가장 우선되어야 합니다. 그 이후에 실질적인 필요들을 위해서 기도할 수 있습니다. 그 자녀들이 예수님을 만난다면 소망과 비전이 생기고, 성실과 인내가 생기며, 자신을 절제하고 선한 것을 분별하고 지혜롭게 될 것입니다. 그래서 자신의 본분에 충실하여 무엇을 하든지 하나님께서 사용하시는 리더로 자라나지 않겠습니까? 그것이 우리 자녀들에게 우리가 해 줄 수 있는 최상의 보호요 선물이 될 것입니다. 우리가 그의 나라와 의를 구한다면 그 위에 하나님께서 친히 모든 것을 더하십니다. 개인의 기도 제목들도 이렇게 하나님의 뜻을 먼저 구하는 것이 가장 형통한 길로 가는 지름길임을 믿으시길 바랍니다.

기도는 내 뜻을 하나님께 관철시키는 것이 아니라 하나님의 뜻이 나에게, 이 땅에 이루어지도록 구하는 것입니다. 그렇게 되기 위해서는 하나님의 뜻이 무엇인지, 구체적으로 어떤 것인지 듣고 순종하기 위해 하나님께 귀 기울일 준비가 되어 있어야 합니다. 우리의 삶에 대하여, 기도 제목에 대하여 하나님의 뜻이 이루어지는 것이 가장 선한 해결책임을 믿고 그분의 뜻을 들으려는 '듣는 기도'의 자세를 갖출 때 자신이 먼저 변하며 그 뜻대로 구하는 하나님의 자녀가 될 것입니다.

기도는 내가 무언가를 하려는 무거운 짐을 내려놓는 작업이며, 대신 가장 지혜롭고 선하신 분이 친히 움직이시도록 요청하는 가벼운 일입니다. 물론 자신이 위험에 처했을 때 열심히 부르짖고 간청할 수도 있습니다. 그러나 그것은 전심으로 하나님의 도움을 구하는 것이지 자신의 뜻을 굽히지 않고 무거운 짐을 자신이 계속 지고 기도하는 것은 아닙니다.

중보 기도는 단순히 기도 대상의 범위를 넓혀 가는 것뿐 아니라 자신이나 다른 모든 사람들이 하나님의 뜻대로 살아갈 힘을 얻도록 그 뜻을 구하며 하나님께 도움을 구하는 것입니다. 이것이 응답 받는 기도의 비결이기도 합니다(요일 5:14-15).

3. 그의 나라와 의를 구하는 기도

주기도문은 또한 "너희는 먼저 그의 나라와 의를 구하라"고 하신 가르침과도 일맥상통합니다. 예수님께서 가르치시려고 하신 기도는 바로 이러한 기도였습니다.

> "그러므로 염려하여 이르기를 무엇을 먹을까 무엇을 마실까 무엇을 입을까 하지 말라 이는 다 이방인들이 구하는 것이라 너희 천부께서 이 모든 것이 너희에게 있어야 할 줄을 아시느니라 너희는 먼저 그의 나라와 그의 의를 구하라 그리하면 이 모든 것을 너희에게 더하시리라"(마 6:31-33)

예수님의 이 말씀은 이방인이 구하고 있는 것들을 지적하시며, 그 대신 하나님의 자녀들이 구하여야 할 것이 무엇인가를 정확하게 제시하고 있습니다. 기도의 궁극적인 목표가 하나님 나라와 의를 구하는 데 맞춰져 있어야 우리의 삶이 올바른 방향으로 나갈 수 있기 때문입니다. 우리에게 가장 선한 해결책은 하나님 자신이시기 때문입니다.

여러분은 자신이 기도하고 있는 제목에 대하여 - 그것이 자신에 관한 것이든 다른 것이든 관계없이 – 하나님 나라의 법이 적용되도록, 하나님의 의가 나타나도록 소망하고 있습니까? 하나님께서는 그의 나라를 구하는 자들을 부르고 계시며, 그의 나라 주기를 기뻐하시므로 그 기도에 기쁘게 응답하십니다. 그리고 '먼저 그 나라와 의'를 구하면 '그 위에' 필요한 '모든 것'을 더하신다고 가장 신실하신 분이 약속하고 계십니다.

그런데 이렇게 예수님께서 가르치신 기도의 방향이 제시될 때 가끔씩 다음과 같은 의문을 가지고 지금까지 기도해 온 제목들에 대하여 어찌할지 몰라 당황스러워하시는 교우들이 있습니다. 예를 들어 어떤 여교우는 남편이 직장을 옮겨야 하는데 남편의 직장 이전 문제를 놓고 기도하는 것이 하나님의 나라와 의를 구하는 것에 위배되는 것인지, 또한 막상 기도하려 해도 어느 직장으로 가는 것이 하나님의 뜻인지 알고 싶은데 어떻게 기도해야 할지 모르겠다고 당황스러워하는 모습을 보았습니다. 그러나 우리가 기도하는 제목에 대하여 하나님의 나라와 의를 구한다는 것은 기도해야 할 거룩한 주제들이 정해져 있거나, 어느 것은 기도하고 어느 것은 하지 않는 식으로 제한되어 있다는 뜻과는 다릅니다. 하나님의 자녀들은 자신의 소원을 따라 어느 제목을 가지고서라도 하늘의 아버지 앞에 자유롭게 나갈 수 있습니다. 다만 앞에서 나눈 바와 같이 어느 제목이 되었건 그것을 구하는 자의 중심의 소원이 하나님께 초점이 맞추어져 있느냐 아니면 다른 것, 즉 세상에 맞추어져 있느냐 하는 것이 중요합니다.

위의 경우에도 직장 문제를 놓고 기도하는 것 자체가 잘못되었다거나 또는 어느 직장을 선택하는가 하는 것에 하나님의 뜻이 좌우된다는 생각에서 자유로울 필요가 있습니다. 그것은 모두 외형적인 문제이며 핵심에서 벗어난 문제입니다. 거듭 강조하지만 중요한 것은 기도하는 사람의 중심이 어디에 있느냐 하는 것입니다. 즉, 직장 문제를 놓고 기도할 때에 그 문제가 너무 중요하여 자신의 삶을 좌우하는 영향력이 거기로부터 나온다는 생각이 지배하고 있다면 하나님의 나라와 의에서 멀어진 기도이며, 반대로 어느 직장이든지 하나님께서 우리의 삶을 주관하신다는 굳은 믿음과 그 직장에서 하나님의 뜻대로 살아갈 힘을 얻고자 하는 마음이 중심에서 우러나온다면 자신의 소원에 따라 자유롭게 원하는 직장을 간구한다 하여도 그 나라와 의를 구하는 기도가 될 것입니다. 그러므로 그의 나라와 의를 구하는 기도는 기도 대상이나 주제의 문제가 아니라 그 마음이 하나님께로 향하고 있는가 하는 중심의 문제입니다.

우리는 하나님의 뜻이 무엇인지 잠잠히 듣는 기도와 '그의 나라와 의'가 자신과 주변에 이루어지도록 전심으로 부르짖는 기도를 모두 할 수 있습니다. 그 뜻을 알기 위해 잠잠히 듣고 그 나라와 의에 대한 믿음으로 부르짖게 되는 것입니다. 그런데 혹시 이와는 반대로 내 뜻을 어떻게 구할지

곰곰이 생각하고 내 뜻에 대한 믿음으로 부르짖고 있지는 않습니까? 성령의 도우심을 따라 말씀의 가르침에 합당한 기도 생활을 하도록 우리 모두 힘써야 하겠습니다.

③ 중보 기도자의 정체성

우리가 기도의 영역을 넓히고 중보 기도를 하기 위해서는 자기 자신의 정체성에 대한 올바른 인식이 필요합니다. 즉, 그리스도 안에 있는 자신이 누구인지 분명하게 아는 것입니다. 우리는 우리 자신을 너무 과소평가하고 있습니다. 여러분은 왕의 자녀들입니다. 그리고 여러분 안에는 놀라운 능력이 있습니다. 그것은 우리로부터 말미암은 것이 아니라 우리 안에 계신 전능하신 하나님께로부터 오는 능력입니다. 여러분이 믿음의 능력을 사용하시기만 한다면 우리 앞에 있는 많은 산들, 이 사회에 뿌리 박혀 있는 많은 우상들을 명하여 바다에 던지우게 할 수 있습니다.

"이 산더러 들려 바다에 던지우라 하여도 될 것이요 너희가 기도할 때에 무엇이든지 믿고 구하는 것은 다 받으리라 하시니라"(마 21:21-22)

그런데 어떤 분은 이렇게 말씀합니다. "제 문제도 제대로 해결 못 하고 사는데 이 처지에 무슨 중보 기도를 하겠어요?"

그렇습니다. 우리 모두 자신의 문제들이 있고 다 우리 힘에 버거운 일들뿐입니다. 누구라도 모두 마찬가지일 것입니다. 그런데 그것이 언제 끝납니까? 그러면 우리는 평생을 자신의 문제만 붙들려 있는 세월을 살아야 하지 않겠습니까? 우리가 스스로의 빛 된 영향력에 대해 중요하게 여기지 않는 것이 하나님의 뜻일까요? 그것이 겸손일까요?

하나님께서는 우리에 대해서 결코 과소평가하지 않으십니다.

1. 기도할 때에 우리는 제사장의 역할을 감당하게 됩니다

"오직 너희는 택하신 족속이요 왕 같은 제사장이요 거룩한 나라요 그의 소유된 백성이니 이는 너희를 어두운 데서 불러내어 그의 기이한 빛에 들어가게 하신 자의 아름다운 덕을 선전하게 하려 하심이라"(벧전 2:9)

여기에 있는 말씀이 하나님께서 보시는 우리에 대한 평가입니다. 예수님께서 그의 제자들에게 그들이 나가야 할 지경을 모든 족속, 땅끝까지라고 밝혀 말씀하셨듯이 오늘날 주변 사람들로부터 시작하여 이웃과 우리의 도시, 나라뿐 아니라 전 세계는 우리 그리스도인의 책임 아래 있습니다(마 28:19, 행 1:8). 택함 받은 하나님의 백성으로서 우리는 이 세대를 향하여서 제사장적 사명을 받았다 할 수 있습니다. 제사장들이 어떠한 사람들이었습니까? 성소에 직접 들어가 하나님을 만나고 그의 백성들을 대신하여 회개하며 간구하고 은혜를 구하던 사람들 아니었습니까? 이제 그리스도를 인하여 은혜의 보좌 앞에 담대히 나갈 수 있게 된 우리가(히 4:16) 하나님으로부터 멀어지거나 하나님을 알지 못한 채 사망의 음침한 골짜기를 다니는 이 세대의 기도 제목들을 가지고 은혜의 보좌 앞에 나아갈 때 제사장적 기도의 임무를 감당하게 되는 것입니다. 주님께서는 우리에게 왕 같은 제사장적 기도의 임무를 부여하셨으며 그 사명을 감당할 때 우리는 기도를 통해서 사랑의 기이한 빛을 비추며, 그리스도의 아름다운 덕을 그들에게까지 전달되도록 하여 선전하게 되는 것입니다.

이제 우리도 하나님께서 우리를 보고 계시는 시각으로 자신을 인정할 수 있어야 합니다. 그 안에 예수님께서 계신 자기 자신에 대해 결코 과소 평가하지 마십시오. 우리는 하나님 나라를 대표하는 천국 백성으로 이 땅에 살고 있습니다. 여러분이 살고 있는 지역에, 이 나라에 파견된 그리스도의 대사입니다.

거듭난 그리스도인은 자신이 거하는 모든 곳에 거룩한 영향력을 미칠 책임이 있습니다. 그것이 하나님의 자녀들에게 위탁된 다스림입니다. 우리는 하나님의 자녀로 이 땅에 살아간다는 것의 정체성을 바르게 인식할 때 그 권리와 책임을 다할 수 있습니다. 왕의 자녀는 자신만을 위해 살아가도록 방치되지 않으며 그 왕국을 공의롭게 다스려야 하는 상속권이 주어지듯이, 예수님께서는 그의 자녀들이 자신과 가정의 구원받은 것에 안주하지 않고 그들에게 위임하신 놀라운 다스림의 권세를 온 세상에 적용하기를 원하고 계십니다. 우리가 만나는 이웃, 사는 지역, 태어난 나라는 결코 우연히 살게 된 곳이 아닙니다. 그곳에서의 우리의 책임은 빛을 발하는 것입니다. 빛을 발하는 방법에는 여러 가지가 있으나 기도하는 것부터 시작할 수 있습니다.

이제 여러분의 인식을 바꾸기 위해 노력해 보십시오. 쉬운 것부터 시작해 볼 수 있습니다. 동네를 지나다니면서 좋지 않은 문화나 죄를 조장하는 곳이 눈에 띄면 그곳에 빛이 필요하다는 것을 아시고 기도하십시오. 그러면 여러분 안에 계신 빛이 그곳에 비추게 될 것입니다. 자녀를 학교에 데려다 줄 때 그 학교가 참된 교육 기관이 될 수 있도록 기도해 보십시오. 마음이 허락되는 대로 왕따와 학원 폭력이 근절되도록 기도하여도 좋겠습니다. 뉴스를 보면서 우리의 지도자들을 비난하지 마시고 공의로운 지도자가 되도록 기도하십시오. 선거 때가 되면 올바른 지도자가 뽑히도록 기도하시고, 지역의 퇴폐 문화나 바람직하지 못한 TV 프로그램(불륜을 저지르는 부부, 젊은이의 동거 문화 등) 등이 건전하게 변화되도록 기도해 보십시오. 어느 것이든 자유롭게, 마음이 가는 대로 기도할 수 있습니다.

처음에 말씀드린 긍휼함을 잊지 말고 기도하십시오. 어떻게 기도해야 할지 모르는 문제에 대해서는 하나님께 묻고 그 뜻을 구하면 기다리는 중에 성령께서 생각을 주실 것입니다. 기도하려는 사람에게 하나님께서는 반드시 그 뜻을 열어 보이십니다.

혼자 기도를 시작하면서 함께 기도하고 싶은 제목에 대해서는 목장별로 모일 때마다 지속적으로 기도할 수 있을 것이며, 각 기관별로도 그렇게 할 수 있습니다. 일정한 기간 동안 어떤 주제에 대하여 지속적으로 기도하는 것이 효과적입니다. 그러면 지속적으로 관찰하게 되고 자세한 정보를 얻게 되므로 전략적으로 기도할 수 있습니다. 전도를 나갈 때도 그 지역을 먼저 돌면서 땅을 밟고 긍휼한 마음으로 기도한 후 전도해 보시길 권합니다. 우리가 기도할 것에는 제한이 없습니다. 우리가 주의 이름으로 모일 때에는 이 땅에서 우리가 묶고 푸는 것에 따라 하늘에서 묶고 풀리는 놀라운 권세도 사용할 수 있다고 예수님께서 말씀하셨습니다. 우리는 주의 사랑으로 그 특권을 사용하고 다스려야 할 영역이 얼마나 광대한지를 알아야 합니다. 우리의 기도는 전 세계적인 영향력을 행사할 수 있습니다.

2. 기도할 때 우리는 하나님 나라의 파수꾼 역할을 감당하게 됩니다

하나님께서는 신실하게 그의 뜻을 구하는 자들이 파수꾼으로서의 사명감을 갖기를 원하십니다.

> "예루살렘이여 내가 너의 성벽 위에 파수꾼을 세우고 그들로 종일 종야에 잠잠치 않게 하였느니라 너희 여호와로 기억하시게 하는 자들아 너희는 쉬지 말며 또 여호와께서 예루살렘을 세워 세상에서 찬송을 받게 하시기까지 그로 쉬지 못하시게 하라"(사 62:6-7)

하나님께서는 온갖 불법과 음란과 배역이 난무한 때, 우리가 살고 있는 세상에 타락의 소문이 더해 가고 우리의 청소년들이 그러한 사회에 무방비 상태로 빠져 들어가고 있으며 가정이 파괴되고 있는 이때에, 성벽 위에 서서 파수꾼의 역할을 감당할 자들을 찾고 계십니다.

기도의 파수꾼은 다른 이들이 잠들 때에도 깨어 있어서 원수의 유혹과 공격에 대해 감지하고 잠자는 자들을 깨우며 하나님의 도움을 요청하는 역할을 감당하게 됩니다. 파수꾼이 성의 가장 높은 곳, 성벽 위에서 성의 동향을 한눈에 바라볼 수 있듯이 하나님의 나라를 구하는 기도의 사람들은 이 땅의 영적 흐름을 파악하며 시대를 분별하여 성령의 인도하심을 따라 하나님의 도움을 구하게 됩니다. 하나님께서는 이렇듯 쉬지 않고 기도하여 하나님으로 기억하시게 하며 그로 쉬지 못하시게 할 자들을 찾고 계십니다.

3. 기도할 때 실제로 성의 무너진 데를 막아서는 역할을 감당하게 됩니다

"이 땅을 위하여 성을 쌓으며 성 무너진 데를 막아서서 나로 멸하지 못하게 할 사람을 내가 그 가운데서 찾다가 얻지 못한 고로 내가 내 분으로 그 위에 쏟으며 내 진노의 불로 멸하여 그 행위대로 그 머리에 보응하였느니라"(겔 22:30-31)

또한 성을 파수하는 역할을 할 뿐 아니라 우리가 중보 기도할 때에는 성이 무너지고 틈이 난 곳이 실제로 보수되는 일이 일어납니다. 죄 된 우리를 하나님의 분과 진노로부터 막아서신 분은 예수 그리스도이십니다. 이미 무너진 곳, 즉 하나님에게서 멀어지고 하나님으로부터 분리된 곳, 그래서 하나님의 진노를 쌓고 있는 곳에 우리가 들어가 중보 기도를 한다면 그곳은 예수 그리스도의 긍휼을 요청하는 자리가 됩니다. 주께서 응답하실 때에 그곳은 고침 받고 회복되는 은혜의 자리가 될 수 있습니다.

예수 그리스도의 사랑으로 회복된 자들은 그 놀라운 능력이 개인과 사회의 무너지고 틈이 난 곳에 들어와 역사하시도록 하는 통로가 될 수 있어야 합니다. 우리의 지도자들을, 무너진 사회를, 교회를 비판하는 대신 그들을 위해 기도하기 시작한다면 하나님께서 얼마나 큰 변화를 일으키시겠습니까? 교회가 참된 중보자의 마음으로 각 분야에 대해 기도하기 시작한다면 먼저 교회 스스로가 가장 긍정적인 방향으로 변화하기 시작할 것입니다. 하나님의 자녀들이 받은 그 사랑으로 이 땅의 무너진 곳을 보고 그분의 긍휼을 구할 때 하나님께서는 들으시고 응답하십니다.

이토록 하나님께서는 성벽 위에서 하나님 나라를 파수하며, 성을 다시 쌓고 성 무너진 데를 보수하기 위해 하나님을 구하고 서로를 세워 갈 자들을 찾고 계십니다. 세상이 악을 더해 갈 때 우리는 '피리를 불어도 춤추지 않고 애곡하여도 가슴을 치지 않는' 무감각한 상태에서 깨어나야 합니다.

예수님께서는 "너희가 천기는 분별할 줄 알면서 시대의 표적은 분별할 수 없느냐"(마 16:3)고 바리새인들을 꾸짖으셨습니다. 우리는 깨어, 자신들이 서 있는 곳에서 성벽의 무너진 곳, 황폐해진 곳들을 보고 그것에 허망한 손가락질을 하는 대신 회복시켜 주시도록 겸손히 하나님을 구해야 합니다. 이 세대에 대하여 누구보다도 먼저 그리스도인들이, 교회가 우리의 죄인 줄 알고 회개하며 부르짖어 기도해야 합니다. 우리는 교회로서 세상을 향하여 하나님 나라의 파수꾼 역할을 감당해야 합니다.

4 기도의 능력

1. 하나님과의 밀접한 관계 – 기도하는 사람이 얼마나 하나님의 마음에 합한 상태인가

기도의 능력은 기도하는 우리가 얼마나 하나님과 밀접한 관계에 있는가, 그렇게 밀접한 관계에 있을 만큼 얼마나 내 마음이 하나님의 마음과 합한 상태에 있는가에 따라 좌우될 것입니다. 신 구약을 통틀어 볼 때 성경에 나타나 있는 기도들은 우선 기도자들이 경건한 하나님의 사람들로 하나님과 친밀한 관계를 맺고 있는 상태였음을 알 수 있습니다. '어떠한 기도가 어떠한 능력을 나타낸' 것이 아니라 '어떠한 기도라도 능력을 나타낼 만큼' 그 기도자가 하나님과 가까이에 있었던 것입니다. 하나님과 친밀하며 하나님의 마음에 합하여 예수님의 마음을 닮아 가는 사람이 어떠한 기도를 하게 될지는 배우지 않아도 알 수 있을 것입니다.

2. 자신 안에 계신 예수 그리스도에 대한 믿음

기도의 능력은 먼저 하나님께 대한 믿음에 따라 좌우되는데 그것은 말씀을 통하여 하나님께서는 누구이신가 깊이 이해하고 믿는 것, 그리고 그 하나님께서 나에게 어떤 분으로 찾아오셨는가에 대한 믿음이 기반이 되어야 합니다.

그 다음에는 그리스도 안에 있는 자신이 누구인지, 그러한 자신에게 위탁된 권세가 무엇인지 분명히 알고 믿는 믿음입니다. 그럴 때 그 능력을 어디에, 어떻게 사용해야 하는지 알게 됩니다. 이미 약속된 기도의 권세가 힘을 발휘하게 되는가 아닌가는 이 믿음에서 나오는 것입니다.

"믿음은 바라는 것들의 실상이요 보지 못하는 것들의 증거니"(히 11:1)

그 믿음은 우리가 하나님 안에서 바라는 것들을 실제의 모습이 되게 하는 힘이며, 아직 보지 않은 것들에 대하여 미리 증거를 갖는 것입니다. 이 믿음은 하나님을 사랑하고 사람을 사랑하는 사랑의 힘을 발휘하게 됩니다.

3. 기도와 일치된 삶의 태도

마음 깊은 곳, 중심의 기도와 일치되어 나오는 삶의 태도가 동반될 때 하나님께서는 속히 응답하십니다. 우리는 자신이 믿고 있는 것을 구하게 됩니다. 하나님의 나라와 의, 그의 뜻이 이 땅에서도 이루어져야 한다는 것을 믿고 그렇게 되기를 원하여 구하고 있다면 자신의 삶에서도 동일하게 그 소원을 이루도록 힘쓸 때 기도의 능력이 나타날 것입니다. 왜냐 하면 그 기도가 진실된 고백인지 아닌지는 그의 삶을 통해 증거될 것이며 하나님께서는 진실된 기도에만 응답하시기 때문입니다.

중보 기도하는 것이 옳기 때문에 하려고 하는 마음도 좋지만 그것이 중보 기도를 시작한 동기가 되었다면 우리는 거기서 더 나아가야 합니다. 그 기도가 놀라운 능력, 세상을 실제로 변화시키는 능력을 발휘하기까지는 내가 변해야 합니다.

여러분은 이 땅에 진정 하나님의 나라가 서는 것을 소원하고 계십니까? 즉, 하나님의 나라가 이 땅에 서는 것을 소원하고 구할 만큼 내가 먼저 세상에서 그리스도의 법으로 죽을 각오가 되어 있습니까? 자신을 돌아보시고 진정 소원하신다면 그렇게 되기 위해서 내 안의 소욕들, 내 가정이 세상에서 누리는 세상 풍조, 이 땅에서의 성공을 위해 배워 습득한 세상 방법들을 기꺼이 포기할 수 있도록 노력하십시오. 그렇게 될 힘을 얻기 위해 구할 수 있습니다. 그렇게 되었다면 여러분의 기도는 세상을 변화시킬 만한 놀라운 기도의 능력을 발휘할 것입니다. 이것을 스스로의 의로움과 혼동하지 마십시오. 다만 이렇게 될 때 성령이 임하시는 통로가 되는 것이며 주님께서는 그 마음에 합한 자에게 성령의 능력을 부어 주시고 또한 그를 통해서만 주께서는 일하실 수 있기 때문입니다.

"이러므로 너희 죄를 서로 고하며 병 낫기를 위하여 서로 기도하라 **의인의 간구는 역사하는 힘이 많으니라**"(약 5:16)

4. 전심으로 구할 때

어떤 것이 꼭 이루어져야 한다는 소원이 간절할 때 우리는 그것을 전심으로 구하게 됩니다. 중보 기도할 때에 우리는 그 기도 제목을 다른 어떤 것보다도 자신의 소원으로 삼을 수 있어야 합니다. 그리스도인들에게 하나님의 나라와 의를 구하는 것만큼 절실한 것은 없습니다. 그것은 지금 우리가 애타게 이루어지기를 소원하는 그 어떤 것보다 더 중요하고 가치 있는 일일 것입니다. 자신에게 맡겨진 중보 기도 제목에 대하여서는 응답될 때까지 지속적이고도 적극적으로 전심을 기울여 기도해야 합니다. 기도를 이루시는 분은 하나님이시지만 우리는 소원하는 바를 그분께 진실되게, 전심으로 표현할 수 있어야 합니다. "너희 아버지께서 그 나라를 너희에게 주시기를 기뻐하시느니라"(눅 12:32)는 말씀대로 하나님께서는 그 기도에 속히 응답하실 것입니다.

5 중보 기도의 주체

"너희가 짐을 서로 지라 그리하여 그리스도의 법을 성취하라"(갈 6:2)

"수고하고 무거운 짐진 자들아 다 내게로 오라 내가 너희를 쉬게 하리라 나는 마음이 겸손하고 온유하니 나의 멍에를 메고 내게 배우라 그러면 너희 마음이 쉼을 얻으리니 이는 내 멍에는 쉽고 내 짐은 쉽고 가벼움이라"(마 11:28-30)

우리가 다른 사람이나 공동체를 위해 기도한다는 것은 그 사람의 짐을 나누어 지고 주님께로 간다는 의미가 있습니다. 그러나 주의 사랑으로 서로의 짐을 나누어 질지라도 그것을 해결하는 분은 예수 그리스도이심을 잊지 말도록 해야겠습니다.

간혹 우리가 중보 기도를 할 때 영적인 짐을 지고 오랫동안 무거운 마음으로 다녀 침륜에 빠지는 경우가 있는데, 어떤 상황에 대해 부담감을 주시는 분이 성령님이시지만 그것을 내가 해결하려는 교만과 오류를 조심해야 합니다.

주님께서는 언제든지 우리의 무거운 짐을 받으시며 주를 의지하며 나가는 자를 쉬게 하십니다. 우리가 주의 법으로 기도의 짐을 나누어 졌으면 또한 주를 믿는 믿음으로 기도할 때 무거운 짐을 주님께 맡겨야 합니다.

> "아무것도 염려하지 말고 오직 모든 일에 기도와 간구로
> 너희 구할 것을 감사함으로 하나님께 아뢰라 그리하면 모
> 든 지각에 뛰어난 하나님의 평강이 그리스도 예수 안에서
> 너희 마음과 생각을 지키시리라"(빌 4:6-7)

언제라도 문제를 해결하시는 주권이 예수 그리스도께 있
음을 잊지 않도록 하여 우리의 구할 것을 감사함으로 아뢰
며 중보 기도의 부담으로 마음의 평안을 잃지 않도록 합시
다. 그것은 주님의 사랑으로 늘 많은 기도의 부담을 안고 있
는 중보 기도자들이 주님께 보호받는 길이기도 합니다. 우
리 중보 기도의 주체는 중보자이신 예수 그리스도이십니다.

6 중보 기도자의 자세

1. 축복하는 자세

우리의 중보 기도의 초점은 기도 대상의 문제점이 아니
라 하나님께서 계획하신 축복, 가능성, 잠재력을 회복하는
데 있어야 합니다. 부정적이고 비판하는 마음이 영향을 미
치고 있다면 그것은 사탄이 원하는 바이며 우리의 사랑과

민음에 손상을 주고 그 기도에 하나님의 응답을 기대할 수 없습니다. 기도할 때는 개인이든 공동체이든 그 기도 대상이 모두 하나님 나라를 위해 잃어서는 안 될 소중한 재산, 보물로 알아 그 존귀함이 살아나도록 기도해야 합니다. 그들에게 하나님께서 심어 놓으신 축복의 근거가 무엇인지 보려고 노력해야 하며, 가려져 있던 긍정적인 면이 회복되어서 하나님의 영광이 드러나도록 하는 것이 중보 기도할 때 필요한 전략입니다.

2. 선입견, 편견 내려놓기

우리는 기도할 때에 자신의 상처와 교만으로 인한 편견과 선입견 때문에 하나님께서 원치 않으시는 방향으로 기도할 수 있습니다. 오랜 세월을 자신의 편견에 갇혀 기도하는 것은 하나님의 온전하신 축복을 응답으로 받는 데 걸림돌이 됩니다.

기도할 때에 자신이 소원하는 바가 세상적인 편견과 선입견으로부터 온 것이 아닌지 먼저 자신을 빛 가운데 드러내도록 해야 합니다. 그것을 두려워할 필요가 없으며 자신의 편견과 선입견을 깨뜨릴 만한 회개의 기회를 얻게 된다면 그것은 우리가 기도 중에 가장 먼저 얻게 되는 열매가 되고 온전한 축복의 문으로 들어가는 길이 될 것입니다. 때로는 기도하는 사람 자신의 편견과 선입견을 해결하는 것만으로도 오래도록 막혀 있던 하나님의 축복의 길이 열리는 경우도 있습니다. 기도할 때에 자신의 편협한 생각들을 먼저 내려놓고 하나님의 뜻을 구하기 위하여 하나님께 더욱 가까이 가는 것이 필요합니다.

3. 듣는 기도의 자세

하나님께 기도할 때에는 자신의 소원하는 바를 분명하고 적극적으로 피력할 필요가 있습니다. 그러나 그것이 전부는 아닙니다. 기도 시간에 항상 그렇게만 나간다면 그 사람에게 하나님은 인생을 주관하시는 분이라기보다 요술 램프와 같은 존재로 전락할 수도 있습니다. 그것은 자신이 원하는 삶을 자신이 주장하고 있으면서 단지 어려울 때 하나님의 이름을 부르고 그분의 도움을 의지하는 것이지 하나님의 주관하심을 온전히 받아들이고 있는 것은 아닙니다. 그럴 때 우리는 하나님이 누구신지 점점 더 모르게 되고 향방 없이 구하며 공허한 종교 생활만을 하게 되는 것입니다. 하나님께서 우리를, 우리의 일을 주관하고 계심을 믿는다면 과정 과정마다 하나님의 뜻을 묻고 듣는 기도의 자세를 가져야 합니다. 그렇게 할 때 효과적인 하나님의 해결책을 구할 수 있으며, 혹시 자신이 계획한 것을 하나님의 뜻이라 확신한 채 치닫고 있는 오류를 범하는 경우에서도 돌이킬 기회를 갖게 됩니다. 이렇게 듣는 기도의 시간을 가질 때 오히려 자신 안에 하나님의 뜻을 알지 못하게 가려진 부분을 성령께서 조명하여 주심으로 그것이 걷힐 때 진정한 형통으로 가는 길이 열리게도 되는 것입니다.

말씀 묵상과 함께 기도할 때에도 먼저 하나님 뜻을 알기 위해 그분께 들으려는 기도의 자세는 우리를 겸손케 하여 그 뜻에 합당한 성숙한 그리스도인으로 이끕니다. 기도는 자신의 삶과 깊은 관련이 있습니다. 삶이 기도를 유발하게도 하지만 기도함으로써 삶이 성화되는 데까지 이르도록 해야 합니다. 그러기 위해서는 기도가 자신의 일방적인 요구 사항을 전달하는 것으로 그치지 않고 하나님과의 온전한 관계로 나아갈 수 있도록 그분께 듣는 기도의 시간을 가질 수 있어야 하는 것입니다. 기도는 하나님께 말하고 마치는 것이 아니라 하나님께 듣는 것을 포함합니다.

기도할 때 하나님을 듣는다는 것은 우리가 누군가의 의견을 듣는 것과 동일합니다. 먼저 하나님께 자신의 형편과 생각에 대하여 고백하거나 겸손히 질문한 후 잠잠히 하나님께 집중하고 듣는 것입니다. 그리고 하나님께서 주신 생각을 가지고 더 깊이 기도할 수 있습니다. 그것은 우리의 기도를 성숙케 하며 풍성하게 합니다. 기도할 때 하나님의 뜻을 구하지 않는 태도를 경계하고, 그 시간에 하나님의 음성에 귀 기울이는 듣는 기도의 자세가 필요할 때입니다.

4. 기도 시간에 대해 우선권을 두는 생활 습관

우리가 기도에 들인 시간으로 하나님의 축복을 살 수 있는 것은 아닙니다. 그러나 기도의 용사가 되기 위해 기도하는 데 많은 시간을 들이는 습관은 매우 중요합니다. 우리가 기도의 중요성을 절감하고 있을지라도 실제 기도하기 위해 은밀히 하나님께 나아가는 것은 그 자체가 영적 전쟁이기 때문입니다. 중보 기도자는 하나님과 기도의 만남에 우선권을 두어야 하며 그것을 방해하는 분주한 일상들을 절제할 수 있어야 합니다.

실제 기도하는 시간의 분량은 기도하는 사람이 자신의 영적 상태를 점검하는 중요하고도 정확한 척도가 됩니다. 우리는 오직 지속적으로 기도함으로써 기도하는 법을 배울 수가 있습니다. 지속적으로 쌓아 올린 기도의 힘은 그 어떤 장애물도 제거할 수 있습니다. 그러므로 기도하는 데 많은 시간을 보내지 않고는 그 누구도 기도의 용사가 될 수 없습니다.

기도 1. 예수 그리스도의 중보자의 마음을 우리에게 부어 주셔서 그 마음으로 기도할 수 있기를 구합시다.

2. 하나님 안에서 사람들을 세우고 이 땅에 하나님의 나라를 넓혀 가는 데 쓰임 받는 중보 기도자가 될 수 있도록 기도합시다.

■■■■ 오늘의 말씀 "내가 그를 나의 성산으로 인도하여 기도하는
내 집에서 그들을 기쁘게 할 것이며 그들의 번
제와 희생은 나의 단에서 기꺼이 받게 되리니
이는 내 집은 만민의 기도하는 집이라 일컬음
이 될 것임이라"(사 56:7)

　오늘의 기도할 주제는 교회입니다. 각자가 섬기는 교회
와 지역의 교회들, 이 나라에 세우신 교회들이 초대 교회와
같은 모습이 되기 위하여 기도합니다. 교회를 향하신 하나
님의 뜻이 이루어지도록 기도하며 목회자와 동역자들을 위
해서도 동일한 마음으로 기도합니다.

　이번 시간부터는 여러 명이 팀을 이루어 기도할 때 팀원
모두가 하나 되어 한마음으로 기도하는 훈련을 합니다. '중
보 기도를 위한 지침'과 '듣고 나누기', '대화식 기도'에 대
해 배우고 적용하여 보도록 하겠습니다.

　오늘의 기도 제목으로 기도하기 전에 먼저 기도할 수 있
도록 각자가 준비되기 위하여 다음의 '중보 기도를 위한 지
침'을 따라 기도합니다. '중보 기도를 위한 지침'은 기도
시간에 하나님께 집중하고 나아가기 위하여 기도를 시작할
때 많은 기도의 사람들이 적용하고 있는 것으로 조이 도우

슨의 『스릴 있고 성취감 넘치는 중보 기도』 중에서 요약한 것입니다. 중보 기도를 시작할 때마다 아래의 지침을 적용하여 마음을 준비하는 것은 기도 시간에 성령의 인도하심을 받는 데 도움이 됩니다. 인도자의 인도에 따라 각자 자신의 목소리로 조용히 고백합니다.

▶ 중보 기도자를 위한 지침

1. 감사함으로 하나님 앞에 나아갑시다.
2. 주님 앞에서 잠잠히 자신을 돌아보고 감추어진 죄를 고백합시다.
3. 성령의 도우심 없이는 기도할 수 없음을 고백하고 성령님의 임재를 구합시다.
4. 예수 그리스도의 십자가와 부활의 승리는 우리를 모든 죄와 악한 원수 마귀의 결박으로부터 자유케 하시고 새롭게 하셨음을 선포합시다. (골 2:14-15)
5. 우리의 기도 가운데 함께 계신 주님을 찬양하고 기대하며 믿음을 드립시다.

이제 '듣고 나누는 기도'를 적용하여 기도해 보도록 합시다.

▶ 듣 기

이 시간 성령께서 우리를 주관하고 계심을 믿고 오늘의 주제(교회)를 위해 기도할 때 자신이 갖고 있던 생각들을 내려놓으십시오. 그리고 하나님께서는 어떻게 기도하기를 원하시는지 성령이 주시는 음성에 귀 기울여 잠잠히 듣겠습니다.

▶ 나누기

들은 것을 나눌 때에 팀원들 각자에게 주신 생각은 성령께서 그 팀 모두에게 주시는 것으로 여기고 돌아가며 겸손히 나눕니다. 성령께서 각자에게 주신 생각을 모아 전체의 흐름을 파악하기 위해 기록하는 것이 도움이 됩니다.

이제 주신 내용으로 기도할 때에는 팀원 전체가 성령의 인도하심을 따라 깊이 있게 기도하기 위하여 통성으로 기도하지 않고 대화식 기도를 적용해 봅시다.

▶ 대화식 기도

1. 대화식 기도란, 팀을 이루어 중보 기도하는 경우 성령의 인도하심을 따라 누구든지 한 사람이 먼저 기도하고 다른 사람들은 그 기도에 마음을 합하여 들으며 그의 기도가 그치면 성령의 인도하심을 따라 또 다른 사람이 기도를 보충하고 그 과정을 반복해 나가는 기도의 방식입니다.

2. 여러 사람이 함께 기도할지라도 한 사람이 기도하는 것 같이 질서 있게 하기 위해서는, 기도하는 사람 자신이 많은 내용을 한꺼번에 다 기도하려 하지 않고 한 주제에 대하여 짧게 기도하여 뒤이어 다른 사람이 보

충할 수 있도록 성령의 인도하심에 맡길 수 있어야 합니다.

3. 한 주제가 충분히 기도된 후에 다음 주제로 넘어가도록 하며, 기도의 흐름을 방해하지 않도록 지금 기도하고 있는 주제에서 갑자기 벗어나지 않도록 합니다.

4. 앞 사람이 기도한 비슷한 내용에 대해서는 반복하는 것을 피하되 좀 더 진전되거나 깊이 있게 인도하시는 것에 대하여는 순종하며 기도합니다.

5. 기도가 충분하다고 느껴지며 기도한 것을 이루실 것에 대한 믿음으로 하나님을 찬양할 수 있게 되면 기도를 마칩니다.

제 강

영적 전쟁-승리하신 예수 그리스도

■ ■ ■ ■ 이 과를 통해
　　　　당신은

1. 예수 그리스도께서 우리에게 위임하신 놀라운 권세를 알고 실제로 그 권세를 행사하며 중보 기도할 수 있게 됩니다.
2. 중보 기도의 영역을 넓혀 감으로 하나님 나라의 확장에 힘쓸 수 있게 됩니다.

■ ■ ■ ■ 오늘의 말씀

"그러나 더욱 큰 은혜를 주시나니 그러므로 일렀으되 하나님이 교만한 자를 물리치시고 겸손한 자에게 은혜를 주신다 하였느니라 그런즉 너희는 하나님께 순복할지어다 마귀를 대적하라 그리하면 너희를 피하리라"(약 4:6-7)

① 영적 전쟁으로서의 중보 기도

1. 영적 전쟁

이 시대는 거대한 영적 전쟁의 시대입니다. 초대 교회 시대는 그리스도인들이 육체적, 물리적으로 공격을 받았으나 오늘날은 믿는 자들이 영적으로, 정신적으로 나태해지고 세상과 타협하여 부패해 가도록 공격을 받고 있습니다.

태초에 하나님께서 아담과 하와에게 복 주셨을 때부터 그들을 창조주로부터 멀어지게 하여 하나님을 방해하려는 사탄의 궤계는 끊임없이 인류를 괴롭혀 왔습니다. 하나님을 직접 대항할 수 없는 원수 사탄은 사람들을 유혹하고 공격하여 하나님께 불순종하는 역사를 이루어 내려고 노력하였습니다.

오랜 역사를 주관하시는 중에 사탄의 권세를 멸하러 이 땅에 오신 예수님께서는(요일 3:8) 십자가에서 피 흘리심으로 우리의 죄를 사하셨을 뿐 아니라 부활 승리하심으로 하늘과 땅의 모든 권세를 가지셨으며(마 28:18) 만물을 그 발아래 복종케 하셨습니다(엡 1:22). 그러므로 그를 믿는 자마다 구원을 얻으며, 그를 영접하는 자마다 죄의 종노릇하던데서 벗어나 하나님의 자녀가 되는 놀라운 권세를 지니게 된 것입니다.

그리스도인들이 세상의 빛과 소금이 되어야 한다는 것은 어두움을 밝히며 부패를 방지하는 원리를 지니고 있습니다. 내주하시는 예수로 말미암아 그들이 있는 곳에서 어두움의 권세를 몰아내고, 부패하게 하는 더러운 영을 물리치는 영적 전쟁의 의미를 포함하고 있는 것입니다.

예수님께서 재림하실 때 영원히 무저갱으로 들어갈 사탄과 그의 악한 영들은 지금도 그들의 날이 얼마 남지 않았음을 알고 우는 사자같이 두루 다니며 사람들을 하나님으로부터 멀어지게 하여 멸망으로 몰아넣고 세상을 타락시키려 안간힘을 쓰고 있습니다(벧전 5:8). 그러나 그리스도께서는 그들 뜻대로 하도록 내버려두지 않으시며 십자가에서 취해 낸 승리에 주를 믿고 주와 동행하는 자들이 동참할 수 있도록 초청하고 계십니다. 그리스도인들이 이 땅에 사는 동안에도 자신에게 위탁된 열쇠를 사용함에 따라 음부의 권세를 물리칠 수 있으며, 하나님의 나라가 임하시게도 할 수 있게 하신 것입니다.

"저희가 어린양으로 더불어 싸우려니와 어린양은 만주의 주시요 만왕의 왕이시므로 저희를 이기실 터이요 또 그와 함께 있는 자들 곧 부르심을 입고 빼내심을 얻고 진실한 자들은 이기리로다"(계 17:14)

2. 영적 전쟁으로서의 기도

그러므로 우리가 하나님의 도우심과 능력을 구하는 기도는 그 행위 자체가 이미 놀라운 영적 전쟁의 의미를 담고 있습니다. 하나님의 뜻이 이루어지기를 구하는 기도는 그분의 능력이 이 땅에 임하시게 하는 가장 강력한 수단이며, 세상 주관자를 무력하게 하는 영적 전쟁의 효력을 나타내기 때문입니다.

그뿐 아니라 좀 더 깊이 있게 기도하는 경우, 하나님의 뜻이 이루어지는 것을 방해하거나 기도 대상이 하나님께로 나아가는 것을 방해하는 것이 있다고 느껴질 때 특별히 그 방해들에 대하여 집중적으로 기도하는 것을 영적 전쟁을 한다고 말합니다. 그것은 반복된 상처나 죄로 가로막혀서 이미 굳어지고 견고해진 부분으로 하나님께 쉽게 반응하지 못하게 묶여 있는 경우입니다. 반복적으로 방해하던 악한 영을 결박하고 그로 인해 묶여 있던 것들이 풀어지도록 기도하는 것입니다.

> "사람이 먼저 강한 자를 결박하지 않고야 어떻게 그 강한 자의 집에 들어가 그 세간을 늑탈하겠느냐 결박한 후에야 그 집을 늑탈하리라"(마 12:29; 막 3:27; 눅 11:21-22)

이 말씀은 예수께서 귀신들려 눈멀고 벙어리 된 자를 고

치셨을 때 귀신의 힘을 얻어 능력을 나타낸 것이 아닌가 하고 의심하던 바리새인들에게 하신 말씀입니다. 예수 그리스도께서 임하실 때에는 위와 같이 성령의 능력으로 강한 자(사탄)가 결박되며, 우리는 묶였던 것에서 풀려나 치유되고 회복되며 자유케 됩니다. 우리는 연약하지만 그리스도 예수의 이름을 의지하고 순종하며 하나님께 무릎을 꿇을 때 원수는 두려워 떨 것입니다. 우리가 기도할 때 예수께서 하신 일을 할 뿐 아니라 더 큰 일도 하겠다고 주님께서 약속하셨습니다.

> "내가 진실로 진실로 너희에게 이르노니 나를 믿는 자는 나의 하는 일을 저도 할 것이요 또한 이보다 큰 것도 하리니 이는 내가 아버지께로 감이니라 너희가 내 이름으로 무엇을 구하든지 내가 시행하리니 이는 아버지로 하여금 아들을 인하여 영광을 얻으시게 하려 함이라 내 이름으로 무엇이든지 내게 구하면 내가 시행하리라"(요 14:12-14)

우리가 예수 그리스도의 뒤를 따를 뿐 아니라 그보다 더 큰 일을 할 수 있는 단 한 가지 이유는 예수께서 하나님 보좌 우편에 앉아 계시므로 육신의 시간적 공간적 제약을 받지 않고 우리의 믿음의 기도에 약속하신 대로 무엇이든 시행하실 것이기 때문입니다.

기도의 능력은 곧 믿음의 능력입니다. 예수 그리스도가

어떤 분이신지 믿음으로 그분이 약속하신 것들을 자신의 것으로 취해 낼 수 있는 믿음이 성실히 그분을 구하게 하며, 많은 일을 이루게 합니다.

세상은 죄와 폭력, 불법, 음란이 난무하고 그리스도인들마저도 세상이 주는 안일함, 쾌락, 물질 만능주의에 빠져들어가고 있는 이 치열한 영적 전쟁 시대에 그리스도의 몸인 교회는 깨어서 영적으로 준비해야 합니다. 깨어서 기도하여 우리 세대들을 하나님께 되돌아오게 하며 영적 각성이 일어나도록 주의 길을 예비해야 합니다. 우리는 자신을 위해 기도할 뿐 아니라 우리에게 붙여 주신 자들과 사회의 회복을 위해 중보 기도함으로써 그리스도께서 친히 다스리시도록 주님의 길을 예비할 수 있습니다.

우리는 하늘과 땅의 모든 권세를 가지신 예수 그리스도께서 그를 믿는 자들에게 위임하신 능력을 바로 알고 행사할 수 있어야 합니다.

"그의 힘의 강력으로 역사하심을 따라 믿는 우리에게 베푸신 능력의 지극히 크심이 어떤 것을 너희로 알게 하시기를 구하노라"(엡 1:19)

뱀과 전갈을 밟으며 원수의 모든 능력을 제어할 권세를 주셨으며(눅 10:19), 교회에게 음부의 권세가 이기지 못하는 천국 열쇠를 주신(마 16:18-19) 뜻을 바로 알아 우리는 깨어

중보자의 마음을 품는 기도

서 기도의 능력을 발휘해야 합니다.

3. 우리의 원수는 누구인가

이 땅에서 일어나는 분열과 다툼, 반목과 질시, 음란과 타락은 연약하고 어리석은 자들이 원수 사탄의 궤계에 빠진 결과입니다. 그러므로 우리는 어떠한 상황 속에서도 그 어리석은 자들, 육신을 입은 사람은 우리가 싸워야 할 대상이 아님을 알아야 합니다.

> "우리의 씨름은 혈과 육에 대한 것이 아니요 정사와 권세와 이 어두움의 세상 주관자들과 하늘에 있는 악한 영들에 대함이라 그러므로 하나님의 전신갑주를 취하라 이는 악한 날에 너희가 능히 대적하고 모든 일을 행한 후에 서기 위함이라"(엡 6:12-13)

이 말씀은 우리가 싸워야 할 원수가 누구인지 분명히 제시하고 있습니다. 우리의 원수는 사람들이 아니라 어려운 상황 속에 있는 사람을, 가정을, 공동체를 하나님에게서 멀어지게 하고 관계를 어긋나게 함으로써 하나님 나라를 무너뜨리려 하는 정사와 권세, 어두움의 세상 주관자, 하늘에 있는 악한 영, 즉 사탄의 조직입니다. 이것을 이해한다면 우리가 속한 가정이나 공동체에서 일어나는 모든 문제에 대하여 그 원인을 제공한 자녀나 배우자, 지체들과 다투는 대신 우리를 이간질하려고 하는 원수를 대적하기 위해 오히려 어떻게 사랑으로 품으며 기도해야 할지 알게 될 것입니다.

4. 영적 전쟁의 승리의 방법

우리가 영적 전쟁 가운데 있다 할지라도 우리의 원수와 싸우시는 분은 십자가상에서 모든 것을 지불하시고 승리하신 예수 그리스도이십니다. 영적 전쟁에서 승리의 비결은 예수 그리스도의 이름을 높이며 하나님께 겸손히 순복하는 것입니다.

"그러나 더욱 큰 은혜를 주시나니 그러므로 일렀으되 하나님이 교만한 자를 물리치시고 겸손한 자에게 은혜를 주신다 하였느니라 그런즉 너희는 하나님께 순복할지어다 마귀를 대적하라 그리하면 너희를 피하리라"(약 4:6-7)

마귀를 대적하라는 말씀에 앞서 하나님께 순복하라는 말씀이 기록된 것을 우리는 의미 있게 받아들여야 합니다. 하나님께서는 우리가 마귀를 대적하는 것보다 하나님께 먼저 순복하도록 가르치고 계십니다. 그럴 때만이 우리의 승리가 보장되기 때문입니다.

이는 어떻게 하는 것일까요? 우리가 하나님께 순복하는

방법 중에 그분 앞에 겸손히 무릎을 꿇는 것보다 좋은 일은 없습니다. 그것은 우리의 마음과 뜻이 온전히 하나님께 무릎 꿇는 '기도'입니다. 우리가 하나님의 은혜와 예수 그리스도 승리의 믿음 위에서 기도할 때 지옥의 모든 군대라 할지라도 그들은 우리를 넘어지게 할 수 없습니다.

이렇듯 영적 전쟁이란 우리 자신이 직접 어떤 전쟁을 치른다기보다는 반복적으로 영적 공격과 속임, 방해가 있는 곳에 그리스도의 빛이 비취시도록 하는 또 다른 믿음의 행위입니다. 즉, 우리가 영적 전쟁을 한다고 할 때는 스스로 싸우거나 그 싸움에 휘말리는 것이 아니며 그 전쟁을 치르시는 주체는 하나님, 그의 군대이심을 잊지 말아야 합니다. 하나님을 대적할 자 없으므로 그분이 친히 우리의 대장 되시고 우리의 방패요 산성이 되시도록 하는 것이 우리가 영적 전쟁 가운데 있을 때 가장 필요한 지혜입니다. 하나님을 경외함으로 우리 가운데서 그의 이름을 높이는 것이 가장 좋은 영적 전쟁의 승리 비결입니다. 즉, 영적 전쟁의 방법이란 결국 전능하신 하나님을 높이는 방법을 말하는 것입니다.

1. 회개

2. 찬양
   - 노래로 찬양하기
   - 그 구원의 완전성, 그 성품의 어떠함, 그 보혈의 능력 등을 구체적으로 언급하고 말함으로 찬양하기

3. 말씀 선포

4. 묶고 풀기(예수 이름의 권세 사용하기, 예수 그리스도의 이름으로 명령하기)

   우리가 예수 그리스도 안에 거하고 있다면 그 이름을 부르고 선포할 때 놀라운 일들을 이루게 하시겠다고 약속하신 말씀으로, 반복된 상처나 죄로 어떤 상태가 굳어지거나 길이 난 경우 우리는 예수님의 이름을 사용하여 악한 영을 결박하고 거짓과 저주로 묶인 사람을 풀어 자유케 할 수 있습니다.

   "진실로 너희에게 이르노니 무엇이든지 너희가 땅에서 매면 하늘에서도 매일 것이요 무엇이든지 땅에서 풀면 하늘에서도 풀리리라 진실로 다시 너희에게 이르노니 너희 중에 두 사람이 땅에서 합심하여 무엇이든지 구하면 하늘에 계신 내 아버지께서 저희를 위하여 이루게 하시리라 두세 사람이 내 이름으로 모인 곳에는 나도 그들 중에 있느니라"(마 18:18-20)

5. 중보 행위(소리 내기, 땅 밟기 등 여러 가지 상징적 행동들)

1) 여리고성 함락(수 6:3-5)
   - 성 주위를 6일간 매일 한 바퀴씩 돌기
   - 제사장 일곱은 양각 나팔을 하나씩 잡고 언약궤 앞에서 행함.
   - 제7일에 일곱 번 돌며 제사장이 나팔 불 때 백성들은 큰 소리로 외침.
   - 성벽이 무너져 내림.

2) 기드온의 용사(삿 7:16-22)
   - 세 대로 나누어 각 손에 나팔과 빈 항아리
   - 항아리 안에 횃불을 감춤.
   - 나팔 불 때 외치며 항아리를 부숨.
   - 적군이 동무끼리 칼날로 치며 패배함.

☞ 중보 기도할 때에 성령의 인도하심을 따라 위의 방법들 중 적당한 것을 적용해 볼 수 있습니다.

② 중보 기도의 영역 – 기도 대상을 중심으로

중보 기도에 익숙하지 않거나 처음 접하는 사람들이 중보 기도를 하려고 할 때 힘들어하는 부분 중의 하나는 기도의 범위를 넓혀 가는 것입니다. 자신의 문제도 산적해 있는데 직접 관계되지 않은 대상에 대하여 기도하는 것을 매우 어색하고 부자연스럽게 여겨 스스로 불편해합니다. 그러나 이는 그리스도 안에 있는 자신에 대하여 하나님의 자녀로서의 정체성을 깊이 깨닫지 못하고 있기 때문입니다.

기도의 영역을 넓혀 가는 것에는 중요한 영적 의미가 있으므로, 기도로 품을 수 있는 대상에 제한을 두지 않고 점차 기도의 영역을 넓혀 가는 것은 우리가 그리스도의 부르심에 따라 살고 있음에도 불구하고 자기 중심적으로 머무르려 하는 성향을 벗어나는 데 유익을 줍니다. 성령의 인도하심을 따라 하나님 나라를 확장시켜 가기 위해 자신의 기도를 드리다 보면 놀랍게도 자신의 문제에만 집중해 무겁게 지고 있던 짐에서 벗어나 쉽고 가벼운 그리스도의 짐을 지는 법을 배우게 됩니다. 그런 중보 기도의 시간을 삶의 한 부분으로 떼어놓을 수 있게 된다면 더 이상 자신의 문제가 지상 최대의 관심사가 될 수는 없을 것입니다.

특별히 기도의 범위에 열방까지를 포함하는 것은 우리가 중보 기도의 지경을 조금 넓혔다 하더라도 여전히 내 가정,

내 교회, 내 도시, 내 나라 이상의 의미로 이해하지 못하는 좁은 시야를 벗어나게 합니다. 열방은 우리가 더 이상 나아갈 데가 없는 땅끝으로서 그곳까지 자신을 넓히면 이 땅에 사는 동안 하나님께서 우리에게 허락하신 지경을 제한하는 경계들이 무너지게 됩니다. 그러므로 우리가 중보 기도해야 하는 제목과 대상에 있어 성령의 인도하심에 따라 나 자신과 가족으로부터 열방에 이르기까지 자유롭게 포함될 수 있도록 마음을 열어 놓아야 합니다.

1. 열 방

오늘날 교회에는 세계 복음화의 임무가 주어졌습니다. 그것을 위해 많은 사람들이 선교사로 헌신하고 있으며, 그들을 지원하기 위해서는 무엇보다도 기도가 필수적입니다. 우리가 원하기만 한다면 기도를 통해 언제든지 세계 어느 곳이라도 밀접하게 관련을 맺을 수 있습니다.

또한 하나님께서 "내게 구하라 내가 열방을 유업으로 주리라"고 하신 말씀대로 우리가 품고 기도한 나라들은 더 이상 먼 나라가 아니며 자신의 땅으로 여겨지게 되어 그 땅을 받는 축복도 누리게 됩니다. 열방을 위해 기도할 때 적용할 수 있는 다양한 구분들이 있습니다.

1) 정부 형태를 가진 국가들

2) 정부 형태를 가지지 않은 족속들 - 언어와 문화가 동일한 종족을 말합니다.

3) 대륙별 - 아시아, 북미, 남미, 유럽, 아프리카, 중동 등

4) 9개의 최변방 지역(9 frontiers) - 복음 전파에 있어서 어려움을 겪고 있는 9개의 영역으로 공산권, 모슬렘, 불교권, 힌두권, 명목상의 교회가 있는 곳, 미전도 종족, 가난하고 소외된 지역, 대도시, Small half(세계의 절반 인구인 청소년)

5) 파송된 선교사

6) 각 나라에서 파견 나온 외국인 근로자들 - 특별히 복음의 최변방 지역에서 나온 외국인 근로자들 한 사람 한 사람을 선교사로 양육할 수 있는 놀라운 기회가 우리에게 주어져 있습니다. 그들은 자신의 나라에 예수님의 생명을 가져가기 위해 하나님의 부르심을 받고 온 자들일 수도 있습니다.

2. 속한 나라

자신이 속한 나라가 진정 하나님을 경외하고 청종하여 하나님의 의를 이루는 나라가 되기 위하여 기도합니다. 세우신 지도자뿐 아니라 사회를 구성하는 여러 요소들을 위해 기도할 수 있습니다.

3. 도시(개 교회가 섬기는 지역)

도시는 좁은 지역에 인구가 밀집되어 있는 특성상 짧은 시간에 많은 사람들에게 복음 전파가 용이한 점이 있으며, 그 후에는 자연스럽게 그들의 연고지인 시골로 연결되어 갑니다. 각 교회는 그 지역이나 도시에 그리스도의 빛을 비추어야 할 책임이 있습니다. 우리 도시가 타락을 멈추고 하나님께로 돌아오도록 교회들이 합심하여 기도해야 합니다.

> "너희는 내가 사로잡혀 가게 한 그 성읍의 평안하기를 힘쓰고 위하여 여호와께 기도하라. 이는 그 성이 평안함으로 너희도 평안할 것임이니라"(렘 29:7)

4. 속한 교회

초대 교회의 성경적인 모습을 회복하도록 기도합니다. 특별히 혼탁하고 무분별한 세상의 풍조에 휩쓸리지 않고 그리스도의 법으로 세상의 법을 이길 수 있도록 교회의 정결함을 위해 기도해야 할 때입니다. 목회자들의 삶과 사역이 늘 성령의 인도하심을 받으시도록 많은 기도가 필요합니다.

5. 청소년

청소년의 시기에 대해 우리가 잘못 알고 있는 것은 그들이 하나님에 대한 영적인 갈망보다 다양한 문화에 대해 더 관심이 있다고 여기는 것입니다. 그러나 오히려 이들의 시기가 인생에서 하나님에 대한 영적 관심과 감수성이 가장 민감할 때임을 나타내는 보고서들이 있습니다. 그 갈망이 채워지지 않을 때 우리의 청소년들은 방황하며 세상의 문화에 빠져들게 되고, 이때 예수 그리스도를 만날 기회를 놓친 아이들은 그 이후로 오래도록 그들의 인생을 세상에서 낭비하게 되는 것입니다. 무엇보다도 이들이 청소년 시절에 하나님의 말씀 안에서 올바르게 양육되도록, 예수 그리스도를 인격적으로 만날 수 있도록 기도해야 합니다.

21세기의 가장 치열한 영적 전쟁 가운데 하나는 우리의 자녀들의 마음을 얻기 위한 싸움이 될 것이라는 견해도 있습니다. 지금은 그 어느 때보다도 우리 시대를 이어받을 청소년과 청소년 사역자들, 그리고 청소년 문화 제작에 관련된 사람들, 선생님들을 위해 기도할 때입니다.

6. 지도자

1) 영적 지도자
하나님께서는 세우시고 기름 부은 지도자를 통해 역사하

십니다. 이들이 오직 하나님께만 집중되어 성령의 인도하심을 받으며 예수 그리스도를 드러내시도록 더 많은 기도의 후원이 있어야 합니다. 그들의 삶, 지도력, 가르침의 기반이 늘 성경적인 기준 위에 있도록 기도가 필요합니다.

2) 국가 지도자

한 사회의 지도자는 그 지도력이 미치는 범위에 대하여 큰 영향력을 가지고 있습니다. 그러므로 그들이 섬김의 정신으로 공의로운 지도력을 발휘할 수 있도록 기도해야 합니다. 사도 바울도 모든 사람을 위해 기도하라고 하였으며, 특히 권세 있는 자들을 위하여 기도하라고 권했습니다. 눈에 보이는 지도자는 그들이지만 만유를 주관하시는 분이 하나님임을 믿는다면 그들이 올바른 지도력과 지혜를 발휘할 수 있도록 하나님께 먼저 기도하지 않을 수 없습니다.

> "그러므로 내가 첫째로 권하노니 모든 사람을 위하여 간구와 기도와 도고와 감사를 하되 임금들과 높은 지위에 있는 모든 사람을 위하여 하라 이는 우리가 모든 경건과 단정한 중에 고요하고 평안한 생활을 하려 함이니라"(딤전 2:1-2)

또한 이미 세워진 지도자를 위해 기도하는 것도 중요하지만 지도자 선출을 위한 선거와 임용에 앞서 의인들이 세워질 수 있도록 기도하는 것도 중요합니다.

7. 지체들을 위한 기도

주변의 친구들과 동역자, 공동체 안의 지체들을 위해 사랑하는 마음으로 중보 기도합니다.

8. 중보 기도자 자신과 가족들

늘 하나님의 인도하심을 받도록 기도하며 개인적인 간청을 드릴 수 있습니다.

3 한 사회를 구성하는 영역들을 다스림

한 나라와 사회는 여러 개의 구조적인 영역으로 이루어져 있습니다. 대략 7개의 분야로 나눌 수 있으며 'seven mind molders'라고 흔히 말합니다. 바로 정치, 경제, 교육, 매스컴, 예술, 종교, 가정으로 한 나라에 영향을 미칠 수 있는 요소들입니다.

이를 이해하는 것은 나라를 위해 구체적으로 기도하며 곳곳에 보다 효과적으로 하나님의 다스림이 임하시도록 기도하는데 도움을 줍니다. 그뿐 아니라 우리 그리스도인들은 모두 이 사회의 구성원으로서 이 구조적 영역의 한 부분을 이루고 있습니다. 그리스도인으로서 우리의 삶의 영향력은 이 영역들 중의 하나인 종교계에만 국한될 수 없습니다. 이 모든 영역들은 하나님의 다스림 가운데 있어야 하며, 그렇게 되기 위하여 하나님의 사람들은 기도할 뿐 아니라 삶을 통해서도 자신이 있는 곳에 하나님의 공의와 사랑이 나타나도록 빛 된 사명을 감당할 수 있어야 합니다.

목회자가 교회에서 제사장의 사명을 감당하고 있다면, 모든 영역의 직업을 가진 그리스도인 각자는 그의 직장에 제사장으로 파견된 것입니다. 이 사명은 그 직장에서 돈을 많이 벌어 선교 사업에 사용하고 그곳에서 만나는 사람들을 전도하는 것을 의미하는 것만이 아닙니다. 그리스도인은 먼저 그의 직장에서 가장 신뢰할 만한 사람이어야 합니다. 그 직장에서 자신이 하는 일을 통해서 그리스도의 법으로 세상의 법을 다스릴 수 있어야 합니다.

그리스도의 법으로 세상을 다스린다 함은 세상에서 당연시되고 있는 풍조들, 세상적인 가치관을 거절하고 자신이 있는 곳에서 공의와 사랑으로 하나님의 법을 적용하여 가는 것입니다. 그렇게 자신이 그곳에 있음으로써 사회의 한 부분이 하나님의 다스림 가운데 있도록 적극적으로 그리스도의 빛을 드러내는 것입니다. 그것으로 받게 될지도 모르는 세상적인 불이익에 대하여도 두려워하지 않고 오직 믿음으로만 승리하는 것입니다.

사회의 각 영역, 실제 삶의 영역에서 하나님의 법을 적용하는 사람이 참으로 하나님께 순종하는 사람이며, 하나님의 법으로 세상을 다스리는 삶을 사는 것입니다. 이러한 신실한 하나님의 사람들이 늘어날 때 하나님의 뜻이 이 땅의 곳곳에 이루어져 갈 것이며, 이럴 때 모든 직업은 성직이 될 수 있습니다.

우리는 각자 속한 영역이 하나님의 법으로 다스려지도록 기도할 뿐 아니라 먼저 자신이 그 기도에 응답하는 삶을 살 준비를 해야 합니다. 또한 그것에 대한 믿음과 소망을 품은 사람들은 이 영역들을 기도하기 위해서도 시사와 정보에 관심을 기울이며 전문적인 지식을 갖추어야 할 필요가 있습니다. 여러 개의 기도 그룹이 있다면 이 영역을 돌아가며 기도할 수도 있고, 필요에 따라 한 영역씩 정하여 전문적이고 지속적으로 기도하는 것도 유익합니다.

④ 한 사회를 구성하는 7개의 구조적인 영역들 (seven mind molders)

한 사회를 구조적으로 구분하여 본다면 대략 다음과 같은 영역들로 구성되어 있습니다. 조금 생소할 수도 있으나 이러한 구조에 대해 전체적인 이해를 갖는 것이 우리가 한 나라나 지역 사회를 위해 기도할 때 효과적입니다. 또한 보다 전략적으로 기도할 수 있도록 도움을 줍니다. 각 영역들은 사람들이 사회를 이루어 살아오면서 생겨난 삶의 각 부분으로 나름대로 적용되고 있는 사회의 규범들이 있으나 우리는 그 규범들 안에 하나님의 성품이 기반이 되도록 기도해야 합니다.

1. 정치계

대통령과 국회의원, 각 부처 장관 등 위정자들과 각 정부 기관들, 수립되는 법제들을 위해 기도합니다. 하나님의 공의와 섬김의 정신이 이루어지도록 기도합니다.

2. 경제계

사치 풍조, 사행 심리가 사회에 뿌리내리지 못하도록 건전한 경제 질서의 기반이 세워지기 위하여 기도합니다. 부가 편중되지 않으며 자원하는 마음으로 부의 분배가 이루어지는 성숙된 사회 분위기가 정착되도록 기도합니다. 정직과 나눔, 청지기 정신이 이루어지도록 기도합니다.

3. 교육계

피조 세계에 드러난 일반 계시로서의 학문이 진리와 하나님을 경외하는 지혜로 인도될 수 있도록 기도합니다. 올바른 교육 정책을 수립하여 주시도록 기도하며, 해당 부서의 지도자들에게 하나님께서 지혜를 부으시도록 기도합니다. 교육자로서의 사명감과 자질을 갖춘 교사들이 배출되는 사회 구조가 되도록 기도합니다. 교육자들이 지혜에 기반을 두고 교육하도록 기도합니다.

4. 언론계

매스컴 종사자들을 위해 기도합니다. 신문, 방송, TV, 잡지, 출판 등 모든 매체들이 진실에 기반을 두도록 기도합니다.

5. 예술계

작가, 화가, 음악가, 영화, 연극인, 연예계 종사자들을 위해서 기도합니다. 사회와 청소년에게 막대한 영향력을 미치는 연예계가 복음화되도록 기도합니다. 예술적인 재능이 겸손과 거룩함으로 구속되어 표현되며 하나님의 선하신 창조 정신을 본받도록 기도합니다.

6. 종교계

종교의 영역에 기독교를 포함시키기는 하지만 복음은 여러 종교 중의 하나가 아니라 변치 않는 진리입니다. 그러므로 다른 종교에 속한 모든 사람들도 하나님의 긍휼을 입어야 할 복음의 대상입니다. 그들에게도 하나님의 긍휼이 나타나며 복음이 전파되도록 기도합니다.

7. 가정계

부부간의 관계, 자녀와의 관계, 형제간의 관계가 사랑의 관계가 되도록 기도합니다. 청소년을 위해서 기도하며 영적 가장들, 성숙한 어머니들이 준비되는 사회가 되도록 기도합니다. 하나님 아버지의 사랑이 공급되는 가정이 되도록 기도합니다.

기도 1. 예수 그리스도께서 우리에게 위임하신 놀라운 권세를 믿음으로 받아들이십시오. 그 믿음의 능력을 가두어 두는 것이 아니라 실제로 이 땅에 행사할 수 있는 담대한 믿음의 용사들이 되도록 기도합시다.

2. 예수 그리스도의 생명이 우리 안에 풍성히 넘쳐흘러 능력 있는 그리스도인의 삶을 사는 데까지 이르지 못하도록 하는 묶임들이 자신 안에 있습니까? 그 묶임들이 풀어지도록 영적 전쟁을 벌여 승리합시다.

■ ■ ■ ■ ■ ■ **오늘의 말씀** | "그러므로 내가 첫째로 권하노니 모든 사람을 위하여 간구와 기도와 도고와 감사를 하되 임금들과 높은 지위에 있는 모든 사람을 위하여 하라 이는 우리가 모든 경건과 단정한 중에 고요하고 평안한 생활을 하려 함이니라"(딤전 2:1-2)

오늘은 우리 교회가 속한 지역(도시)을 위해 기도하려고 합니다.

각 교회는 그 지역이나 도시에 그리스도의 빛을 비추어야 할 책임이 있습니다. 개인 전도를 통한 구원뿐 아니라 지역 사회 전체에 영적 각성이 일어나 부흥되도록 기도해야 합니다. 또한 지역 사회에 영향을 미치고 있는 악한 문화에 대해 교회와 성도들이 방관하거나 무분별하게 받아들이고 있지 않은지 돌아보며, 그리스도의 빛이 비추어 사회가 건전하여지도록 기도해야 할 책임이 있습니다.

그러나 지역 사회에 대하여 기도하는 것이 생소하거나 구체적인 정보를 갖고 있지 않은 경우가 많습니다. 그러므로 기도할 지역에 대하여 각자 관심을 갖고 ① 그 도시의 지리적 특성 ② 도시 이름의 뜻이나 추구하는 목표, 공개적으로 내건 슬로건이나 구호 ③ 역사 ④ 정치 지도자 ⑤ 당면한 지역 사회의 문제 등을 미리 조사해 오는 준비가 필요합니다. 기도 팀 리더는 미리 한 주 전에 기도 제목과 지역 정보를 수집해야 할 필요성에 대해 나누고 발제할 사람을 정합니다.

발제할 사람이 정보를 수집해 오면 이 정보를 함께 나누도록 합니다. 정보를 나누는 시간은 15~20분 정도가 적당하며, 팀원 모두 정보를 조사하되 발제자가 먼저 나눈 후 다른 사람들이 간단하게 보충하는 형식을 취하는 것이 시간을 효율적으로 운용하는 방법입니다.

오늘은 기도하기 전에 중보 기도 대상에 대한 자신의 선입견, 편견을 내려놓고 기도하는 것에 대해 배우고 적용해 보도록 하겠습니다. '중보 기도를 위한 지침'에 따라 자신의 심령을 준비하고 이어 선입견과 편견을 내려놓는 시간을 갖습니다. 그런 후에 오늘의 주제에 대하여 하나님께서 어떻게 기도하기를 원하시는지 성령께서 주시는 음성을 귀 기울여 듣고 나눈 후 대화식 기도로 진행합니다. 중보 기도를 위한 지침과 듣기, 대화식 기도는 기도의 만남 2주째에 설명되어 있습니다.

▶ 중보 기도를 위한 지침
▶ 선입견과 편견 내려놓기

우리는 지속적으로 기도해 온 기도 제목에 대해서도 자

신의 편견으로 기도하고 있는 경우가 종종 있으며, 이것이
기도의 응답을 받지 못하는 이유가 되기도 합니다. 이제 기
도의 영역을 넓혀 가는 과정에 있어서 가장 중요한 부분이
바로 이러한 편견을 깨뜨리고 올바른 중보 기도자의 시각을
갖는 것입니다. 특별히 교회 밖 사회에 대해서 비난은 하지
만 기도하는 데 익숙지 않은 경우, 잘못된 선입견이나 무관
심, 치우친 편견이 있을 수 있습니다. 이렇게 동일하게 죄
로 반응하던 마음을 성령께서 조명하실 때 즉시로 내려놓고
중보자의 마음을 품을 때 올바른 기도 자세로 회복되며 비
로소 빛이 임하시는 통로로 사용되어 기도의 응답을 받을
수 있습니다.

1. 이제 오늘 기도할 지역 사회에 대하여 자신이 가지고
   있던 선입견, 편견이 있는지 성령께서 조명하여 주시
   도록 잠잠히 들읍시다.
2. 들은 것을 돌아가며 조용히 나누어 보십시오.
3. 이제 각자 나눈 선입견, 편견을 하나님께 통성으로 고
   백하며 내려놓으십시오.

오늘 기도해야 할 주제(지역)에 대하여 어떻게 기도해야
할지 성령께서 주시는 음성을 듣고, 나눈 후 기도합시다.

▶ 듣 기
▶ 나누기
▶ 대화식 기도

예 배

■■■■■**이 과를 통해** **당신은**

1. 신령과 진정으로 드리는 예배를 통하여 하나님의 임재 앞에 나아가며 참된 예배자의 태도를 회복할 수 있게 됩니다.

2. 참된 예배자만이 하나님께서 찾으시는 중보자가 됨을 배울 수 있게 됩니다.

■■■■■**오늘의 말씀**

"아버지께 참으로 예배하는 자들은 신령과 진정으로 예배할 때가 오나니 곧 이때라 아버지께서는 이렇게 자기에게 예배하는 자들을 찾으시느니라"(요 4:23)

하나님께서는 자신의 형상대로 인간을 지으시고 아름다운 교제를 갖는 특권을 주셨습니다. "이 백성은 내가 나를 위하여 지었나니 나의 찬송을 부르게 하려 함이라"고 말씀하시며 하나님을 예배하며 영원히 즐거워하도록 하셨습니다. 그러므로 하나님을 기뻐하는 것이 우리의 힘이 되게 하셨습니다. 또한 이러한 하나님과의 관계를 통하여 위로부터 권위와 능력을 받은 인간에게 만물을 다스리게 하시고 "생육하고 번성하여 땅에 충만하라 땅을 정복하라"(창 1:28)고 명령하셨습니다.

그러나 인류는 하나님의 명령을 저버린 채 범죄하였고 그로 인해 하나님 앞에 서는 예배 관계는 파괴되었습니다. 우리에게는 이 관계를 회복시킬 수 있는 길이나 능력이 전혀 없었습니다.

이를 아시는 하나님께서 우리를 불쌍히 여기사 이 잃어버린 예배 관계를 회복시키시기 위하여 예수 그리스도를 이 땅에 보내셨습니다. 예수 그리스도를 통하여 엄청난 희생을 치르시고 하나님께 나아오는 길을 내셨고, 그 창조의 목적대로 우리를 다시 부르셨으며, 영광스러운 하나님을 만나는 자리로 초청하셨습니다. 이것이 예배이며, 하나님께서는 이제 우리 안에 임하시기를 원하십니다.

"우리가 마음에 뿌림을 받아 양심의 악을 깨닫고 몸을 맑은 물로 씻었으니 참 마음과 온전한 믿음으로 하나님께

나아가자"(히 10:22)

우리는 예배를 통하여 영광스러운 하나님을 뵐 뿐만 아니라 하나님을 알게 되면서 또한 우리 자신의 참 모습을 보게 됩니다. 그러므로 우리는 잃어버린 예배의 관계를 회복할 때만이 가장 아름답고 자연스런 삶을 살 수 있게 됩니다.

이렇듯이 예배는 하나님께서 친히 제정하신 것으로, 우리가 창조주 하나님 앞에서 행하여야 할 가장 근본적인 행위이며 하나님을 뵙고 섬기는 특권인 것입니다.

Ⅰ 예배의 의미

1. 절하고, 몸을 굽히며, 엎드리는 것

어떤 이를 주목하여 당신을 안다고 인사하며 경배하거나 엎드려 절하며 존경과 경의를 표하는 것은 그를 왕으로 인정하는 것입니다. 이처럼 우리도 거룩하신 하나님을 왕으로 인정하고 그 앞에 나아가 그분의 권위 앞에 완전히 순복할 때에만 그분과의 온전하고 친밀한 관계를 유지할 수 있습니다.

하나님을 안다는 것은 지식이나 정보를 통하여 아는 것이 아니라 만남과 사귐을 통하여 알아 가는 관계를 의미합니다. 그 앞에서 우리 삶에 변화가 일어나게 됩니다.

"너희는 여호와 우리 하나님을 높여 그 발등상 앞에서 **경배**할지어다 그는 거룩하시도다"(시 99:5)

"아버지께 참으로 **예배**하는 자들은 **신령과 진정으로 예배**할 때가 오나니 곧 이 때라 아버지께서는 이렇게 자기에게 **예배**하는 자들을 찾으시느니라"(요 4:23)

2. 섬기는 것

앞서도 언급했지만 하나님을 섬기는 것은 우리가 누릴 수 있는 특권입니다. 그리고 이 특권을 깨달아 알 때 예배하는 것이 부담스러운 종교 행위가 아님을 알게 되며, 또한 크나큰 영광인 것을 알게 됩니다. 하나님을 섬기고 이웃을 섬기며 왕 같은 제사장의 삶을 사는 것은 주 앞에 엎드렸던 내 존재 그대로 일상의 삶을 사는 것입니다. 예수님께서 사셨던 섬김의 삶을 본받아 사는 것입니다.

"이스라엘아 네 하나님 여호와께서 네게 요구하시는 것이 무엇이냐 곧 네 하나님 여호와를 경외하여 그 모든 도를 행하고 그를 사랑하며 마음을 다하고 성품을 다하여 네 하나님 여호와를 **섬기고**"(신 10:12)

"그러므로 형제들아 내가 하나님의 모든 자비하심으로 너희를 권하노니 너희 몸을 하나님이 기뻐하시는 거룩한 **산 제사로 드리라** 이는 너희의 드릴 영적 예배니라"(롬 12:1).

"주를 **섬겨** 금식할 때에 성령이 가라사대 내가 불러 시키는 일을 위하여 바나바와 사울을 따로 세우라 하시니"(행 13:2)

2 예배의 중요성

예배는 우리가 하나님을 위하여 만든 제도나 의식이 아닙니다. 예배는 하나님께서 우리로 하여금 새로운 피조물로서의 삶을 살도록 친히 만들어 주신 선물입니다. 지음 받은 인간이 인간을 지으신 하나님 앞에 나아갈 수 있게 하시고, 섬길 수 있는 길을 열어 주셨기 때문입니다.

1. 하나님께서 가장 기뻐하시는 것입니다

하나님을 찬양하도록 지음 받은 우리는 지으신 이에게 예배드리는 것이 마땅하며, 최상의 존재이신 하나님만이 예배 받으시기에 합당하십니다. 영원하시고 유일하신 하나님께서는 예배 가운데서 당신의 형상대로 만드신 우리를 만나시고 우리에게 자신을 계시하시어 자신의 성품과 하나님 되심을 드러내시며 우리와 교제하기(예배)를 가장 기뻐하십니다. 이것이 우리가 태어난 이유이며 우리가 구원받은 이유이기도 합니다. 하나님을 사랑하고 영원히 예배하며 영화롭게 하는 것이 생명을 받은 우리의 삶 가운데 가장 우선되고 중요하며 또한 우리에게 주신 특권인 것입니다.

> "큰 음성으로 가로되 죽임을 당하신 어린양이 능력과 부와 지혜와 힘과 존귀와 영광과 찬송을 받으시기에 합당하도다"(계 5:12)

사람들은 누구나 무엇인가를 예배하기 마련이며, 존경하는 대상을 닮고 싶어합니다. 또한 예배하는 대상을 닮아갑니다. 하나님 예배하기를 거부하는 것은 곧 인간 자신이 만든 신들을 예배하게 되는 것입니다. 세상의 물질적인 부의 신이라든지, 하늘의 초자연적인 신이라든지, 우상·금수·버러지 형상과 썩어질 것들을 예배하게 되기 때문입니다.

하나님께서는 자신의 형상인 사람들이 썩어질 것들을 예배하는 것을 차마 보실 수 없으십니다. 그곳에는 생명이 없는 사망과 멸망이 있는 곳이기 때문입니다. 그래서 오직 하나님께만 예배하도록 하셨습니다.

2. 참된 예배자가 제사장의 역할을 온전히 감당할 수 있습니다

예수 그리스도의 권위로 다스리기 위하여서는 제사장으로서 하나님의 보좌 앞에 나아가야 하며, 주 앞에서 얻는 능력으로 세상을 다스려야 합니다. 하나님 앞에 나아가서 하나님을 뵐 때에만이 빛으로서의 우리의 존재를 확인하며 예수 그리스도 안에 안식하여 소금으로서 세상에서 맛을 낼 수 있기 때문입니다.

중보 기도는 하나님의 보좌 앞에 나아가 그분의 얼굴을 구하며 그의 힘으로 그의 뜻을 따라 하나님께서 역사하기를 간구하는 기도이므로, 예배자의 자리에 들어가지 않는 중보 기도자는 있을 수 없습니다. 성경에 나타난 중보 기도자들은 모두 예배자였습니다. 사도 바울도 예배 가운데서 하나님의 성품을 알았을 뿐 아니라 하나님께서 세상을 사랑하신 그 마음으로 세상을 사랑하는 거룩한 부담과 사랑으로 그분의 마음에 합한 중보 기도자의 삶을 살았음을 볼 수 있습니다. 이렇게 이 땅의 모든 족속이 하나님께 돌아오며 예배하는 자들이 되기까지 우리는 참 예배자로서의 중보 기도를 쉬지 말아야 할 것입니다.

"또 충성된 증인으로 죽은 자들 가운데서 먼저 나시고 땅의 임금들의 머리가 되신 예수 그리스도로 말미암아 은혜와 평강이 너희에게 있기를 원하노라 우리를 사랑하사 그의 피로 우리 죄에서 우리를 해방하시고 그 아버지 하나님을 위하여 우리를 나라와 제사장으로 삼으신 그에게 영광과 능력이 세세토록 있기를 원하노라 아멘"(계 1:5-6)

③ 하나님께서 받으실 만한 예배

하나님께서는 "아버지께 예배하는 자를 찾는다"(요 4:23)고 말씀하십니다. 왜 그렇게 찾으셔야만 할까요? 하나님께서는 견디기 어려운 예배가 있다고 말씀하시고(사 1:12-16, 막 7:6), 또 하나님께서 찾는 예배자가 있다고 말씀하십니다(시 24:3-6). 하나님께서는 진정으로 하나님께 순종하며 참으로 하나님의 얼굴을 구하는 자가 누구인가를 물으십니다.

우리는 자신도 모르는 사이 무엇인가를 많이 행하여야 하나님께 만족을 드릴 수 있고 그분을 영화롭게 할 수 있다는 착각에 빠질 수 있습니다. 이러한 율법적이고 외식적인 예배는 피곤할 뿐이며 어떠한 종교적 노력도 하나님께서 기뻐하시는 예배가 될 수 없습니다.

예배 순서나 프로그램 자체에 익숙하게 되어 인격적인 반응을 하지 못하거나 예배 순서는 잘 마치지만 하나님의 말씀에 순종함 없이 교회 문을 나서기 때문에, 삶에서 아무런 변화도 일어나지 않는 실패한 예배가 많이 있음을 부인할 수 없습니다. 또한 우리의 열심으로 준비된 멋진 노래나 감정, 또는 생각들이 표현되면서 하나님께 드리기보다는 사람의 정서를 만족스럽게 채워 주는 예배도 있을 수 있습니다.

예배의 초점이 어디에 맞추어져 있는지, 마음 중심을 채우고 있는 관심이 무엇인지, 예배를 보는 관객의 입장이 되어 있는지, 무엇을 얻고자 하는지 자신의 태도를 정직하게 점검해 보아야 할 필요가 있습니다. 예배는 무엇을 얻을까, 무엇을 받을까 하는 것이 아니라 하나님께 온전히 드리는 것이기 때문입니다.

1. 신령으로 드리는 예배

예배는 영이신 하나님과의 만남이며, 이러한 만남이 없는 것은 의식과 형식에 지나지 않습니다. 하나님께서는 어떻게 예배드려야 하는지 우리의 심령의 자세에 대해 말씀하고 계십니다.

"예수께서 가라사대 여자여 내 말을 믿으라 이 산에서도 말고 예루살렘에서도 말고 너희가 아버지께 예배할 때가 이르리라 너희는 알지 못하는 것을 예배하고 우리는 아는 것을 예배하노니 이는 구원이 유대인에게서 남이니라 아버

지께 참으로 예배하는 자들은 신령과 진정으로 예배할 때
가 오나니 곧 이 때라 아버지께서는 이렇게 자기에게 예배
하는 자들을 찾으시느니라 하나님은 영이시니 예배하는 자
가 신령과 진정으로 예배할지니라"(요 4:21-24)

신령으로 드리는 예배는 영이신 하나님께 우리의 영, 즉
속 사람인 심령으로 드리는 예배를 말합니다. 바울은 "내가
내 심령으로 섬기는 하나님"(롬 1:9)을 알았으며 또한 다윗
은 "하나님이 구하시는 제사는 상한 심령이라 하나님이여
상하고 통회하는 마음을 주께서 멸시치 않으시리라"(시
51:17)고 고백하며 외적인 제사가 아닌 영으로 예배함을 알
았습니다.

우리는 살아 계신 하나님의 영이 거하시는 새 성전이 되
었으므로 우리 안에 계신 성령께서 우리를 영으로 예배할
수 있도록 도우시며 그 성령으로 인도하시는 예배를 하나님
께서 받으십니다. 왜냐 하면 "성령이 아니고는 누구든지 그
리스도를 주시라 할 수 없기"(고전 12:3) 때문입니다.

1) 정결함으로

우리는 하나님의 거룩하심에 대해 전반적인 관점을 잘
이해하지 못하는데, 그것은 하나님께서 소멸하시는 불(히
12:29)이라는 것과 죄에 대하여 거룩한 분노를 가지신다는
것을 잘 이해하지 못하기 때문입니다. 그래서 성령에 의한

회개와 정결함 없이 죄를 가볍게 처리하기도 합니다.

참된 예배를 드릴 때에는 거룩하신 하나님의 임재 가운데 압도적인 자신의 부정함을 느끼게 됩니다. 성경에 기록된 예배자들의 모습을 보면 하나님 앞에서 자신이 부정한 존재임을 보았고, 죄인임을 알았으며, 거룩한 두려움으로 죄를 고백하며, 회개하는 반응을 하였습니다. 하나님께서는 거룩하시므로 하나님의 백성이 예수 그리스도의 피로 정결하게 되지 않고서는 하나님께 전혀 가까이 갈 수 없기 때문입니다. 하나님께서는 분명 은혜로우시지만 그의 은혜로 인하여 그의 거룩하심이 경시되어서는 안 되는 것입니다.

우리의 마음은 우리의 결심이나 노력에 의하여 깨끗해지는 것이 아니며, 죄에 대한 우리의 고백과 예수 그리스도의 보혈로 깨끗해집니다. 예배자는 예수 그리스도의 피를 통하고 씻음 받은 후에야 하나님께 나아갈 수 있습니다.

"그러므로 형제들아 우리가 예수의 피를 힘입어 성소에 들어갈 담력을 얻었나니"(히 10:19)

"내가 내 마음에 죄악을 품으면 주께서 듣지 아니하시리라"(시 66:18)

성령 하나님께 우리의 삶에서 회개할 것들에 대해 보여 달라고 청하고 성령의 도우심에 대해 깊은 회개로 정직하게 반응한다면, 하나님께서 기쁘시게 받으시는 예배를 드릴 수 있게 됩니다. 하나님께서는 이러한 상한 심령을 찾으십니다. 회개는 우리의 죄에 대해 스스로 뉘우치는 것이라기보다는 하나님의 선하심에 대한 깨달음입니다. 즉, 하나님의 은혜와 선하심 앞에서 자신의 죄를 보게 되기 때문입니다. 그래서 예배하는 삶은 상함과 통회의 삶으로, 죄에 대해 계속적으로 고백하는 삶인 것입니다.

"하나님의 구하시는 제사는 상한 심령이라 하나님이여 상하고 통회하는 마음을 주께서 멸시치 아니하시리이다" (시 51:17)

2) 성령으로

예배를 깊이 드리기 위해서는 성령의 충만을 구해야 합니다. 또한 성령께서 인도하셔서 예배 가운데 반응할 수 있도록 성령의 간섭을 부탁하여야 합니다. 예배는 우리 자신을 드리는 것이며 자기 자신의 포기입니다. 단지 은혜를 받기 위한 예배가 아니라 하나님의 보좌 앞에서 하나님의 임재하심을 경험하도록 성령께서 이끄시는 예배를 드려야 합니다.

2. 진리로 드리는 예배

하나님의 말씀은 진리이며 그 말씀을 이해하는 가운데

예배드려야 합니다. 하나님께서 어떤 분인지 알아야 하며, 말씀 가운데 계시하시며 드러내시는 하나님을 만나야 합니다. 예배의 깊이는 하나님을 아는 것에 비례하기 때문입니다. 하나님의 놀라운 기적의 역사를 경험하였더라도 말씀의 계시를 통하여 하나님의 성품을 이해하지 못한다면 하나님을 안다고 할 수 없을 것입니다.

> "오라 우리가 여호와께로 돌아가자 여호와께서 우리를 찢으셨으나 도로 낫게 하실 것이요 우리를 치셨으나 싸매어 주실 것임이라 여호와께서 이틀 후에 우리를 살리시며 제 삼일에 우리를 일으키시리니 우리가 그 앞에서 살리라 그러므로 우리가 여호와를 알자 힘써 여호와를 알자 그의 나오심은 새벽빛같이 일정하니 비와 같이 땅을 적시는 늦은 비와 같이 우리에게 임하시리라 하리라"(호 6:1-3)

이렇게 하나님을 알기 위해서는 말씀을 깊이 생각하고 묵상하는 시간들이 필요합니다. 묵상은 하나님 앞에 나아가 교제하도록 인도합니다. 말씀에 마음을 집중하여 놀라운 하나님의 임재하심 가운데 친교를 나눌 수 있게 합니다. 묵상은 날마다의 삶 속에서 하나님을 예배하며 그리스도 안에 거할 수 있게 하므로 삶을 예배되게 합니다.

이처럼 신령과 진리로 예배하기 위하여는 성령의 도우심이 필요합니다. 우리의 생각과 마음을 하나님께 집중시키며 묵상을 통해 하나님의 말씀 안에 거하며 회개하는 심령으로 완전히 마음을 열 때 심령으로 예배할 수 있게 됩니다. 이렇게 신령과 진정으로 드리는 예배는 우리 몸을 거룩한 산 제사로 드리는 영적 예배가 됩니다.

4 거룩한 산 제사

우리의 몸은 하나님께서 거하시는 성전이며 그분의 도구라고 하셨습니다. 우리가 하나님을 예배할 때 하나님께서는 우리에게 성령에 의해 사용되는 순종하는 육신과 마음과 의지를 원하십니다. 즉, 전인격적인 삶으로 살기를 원하십니다. 이 삶이 받으실 만한 예배라고 말씀하십니다.

"그러므로 형제들아 내가 하나님의 모든 자비하심으로 너희를 권하노니 너희 몸을 하나님이 기뻐하시는 거룩한 산 제사로 드리라 이는 너희의 드릴 영적 예배니라 너희는 이 세대를 본받지 말고 오직 마음을 새롭게 함으로 변화를 받아 하나님의 선하시고 기뻐하시고 온전하신 뜻이 무엇인지 분별하도록 하라"(롬 12:1-2)

"또한 너희 지체를 불의의 병기로 죄에게 드리지 말고 오직 너희 자신을 죽은 자 가운데서 다시 산 자같이 하나

님께 드리며 너의 지체를 의의 병기로 하나님께 드리라"(롬 6:13)

우리 안에 있는 지, 정, 의는 세상을 따르지 않고 하나님의 생각을 따라 사고해야 하며, 진리인 말씀으로 무장하여 하나님의 뜻을 따라 결정해야 합니다. 세상의 그릇된 철학과 사탄의 교묘한 전략을 분별하여 우리 삶의 모든 측면에서 하나님의 뜻을 따라 행하도록 요청하십니다. 하나님의 능력이 우리를 통해 드러나서 주의 주신 권위로 다스리는 자가 되어야 합니다.

그러기 위하여는 대가를 지불하더라도 세상을 거슬러 살기 위한 결심을 하여야 합니다. 예배 후 돌아서서는 바로 세상적 사고와 판단에 의한 삶을 또다시 산다면 헛된 예배를 드리는 것과 같습니다. 이를 두고 외적으로는 올바른 태도로 행하고 있는 것같지만 거짓 우상을 예배하는 것이라고 아모스 선지자는 지적했습니다. 즉, 세상의 제도에 깊이 물들어서 세상 풍조에 맞추어 살아왔기 때문에 돌이키는 삶보다는 옛 습성대로 자신의 경험과 세상의 지혜로 세상에 순응하여 계속적으로 사는 것에 대해 엄중히 경고하고 있습니다.

그리스도인이 참된 예배자로 살아간다면 항상 하나님께서 주시는 능력으로 살아가게 되기 때문에 영적 전쟁에서 넉넉히 세상을 이기는 승리의 삶을 살 수 있습니다.

"네 노래 소리를 내 앞에서 그칠지어다 네 비파 소리도 내가 듣지 아니하리라 오직 공법을 물같이 정의를 하수같이 흘릴지로다"(암 5:23-24)

하나님의 말씀을 믿음으로 받아들여 생활하기로 결정할 때 새로운 차원의 예배로서의 삶이 시작됩니다. 예배는 삶의 핵심이며 삶은 예배의 연장입니다.

1. 먼저 형제들에게 지혜롭게 행하도록 하십니다

형제 사랑 안에 그리스도의 사랑이 구현됩니다. 형제가 연합하여 동거함으로 그리스도의 지체들이 세워져 가며 교회가 세워져 갑니다.

"이로써 그리스도를 섬기는 자는 하나님께 기뻐하심을 받으며 사람에게도 칭찬을 받느니라"(롬 14:18)

2. 사람들을 그리스도께 인도하는 것은 거룩하고 받으실 만한 예배 행위로 하나님께 드릴 수 있습니다

하나님의 뜻은 세상이 죄에서 돌이키며 회개하여 구원을 받는 것입니다. 하나님께서는 잃어버린 영혼과 이방 민족들을 불쌍히 여기시며 애통해하십니다. 우리가 기도로, 선교로, 봉사로 하나님을 섬길 때 하나님을 알지 못하는 세상이 우리를 통해 우리 안에 있는 그리스도를 알게 됩니다.

> "이 은혜는 곧 나로 이방인을 위하여 그리스도 예수의 일꾼이 되어 하나님의 복음의 제사장 직무를 하게 하사 이방인을 제물로 드리는 그것이 성령 안에서 거룩하게 되어 받으심직 하게 하려 하심이라"(롬 15:16)

3. 또 필요를 따라 물질을 드립니다

하나님께서는 이렇게 사랑을 나누고 복음을 나누고 우리의 재정을 나누는 것을 받으실 만하다고 말씀하십니다.

> "내게는 모든 것이 있고 또 풍부한지라 에바브로디도 편에 너희의 준 것을 받으므로 내가 풍족하니 이는 받으실 만한 향기로운 제물이요 하나님을 기쁘시게 한 것이라"(빌 4:18)

5 찬양으로 드리는 예배

하나님께서는 찬양 중에 임하시며 우리는 인격적인 만남의 특권을 경험할 수 있습니다.

찬양이란 노래로만 엮어지는 시간이 아니라 하나님께서 예수 그리스도를 통하여 우리에게 이루어 놓으신 일들, 그의 행하신 일들을 기억하고 감사함으로 하나님께 나아갈 때 노래하며 선포하며 주를 높이는 것입니다.

이것은 음악적인 것에만 국한되지 않습니다. 그래서 주님을 높일 때에는 악기를 가지고, 음성으로 고백하고, 노래로, 큰 소리로, 손을 들고, 손뼉치며, 몸을 굽혀서, 서서, 춤추며, 때로는 잠잠히 우리 주님을 기뻐합니다. 하나님께서는 그의 백성이 찬양드릴 때 그 가운데 임하신다고 말씀하십니다.

"이스라엘의 찬송 중에 거하시는 주여 주는 거룩하시니이다"(시 22:3)

찬양은 우리 믿음의 고백입니다. 그의 백성 된 우리가 하나님의 능력과 행하신 일들과 그의 영광에 대해 고백하는 것이 바로 찬양이기 때문에, 하나님께 대한 우리의 이러한 믿음의 고백 가운데 임하시는 것입니다. 그래서 찬양은 찬양하는 그 자체에 어떠한 능력이 있는 것이 아니라 우리의 믿음의 고백이 드려질 때 그 고백을 받으시는 하나님께서 그 믿음 가운데 능력을 베푸시는 것입니다. 그렇기 때문에 찬양은 우리의 어떤 목적을 이루기 위한 수단이 아닙니다.

때때로 진심으로 찬양할 수 없다고 느낄 때, 또는 찬양할 수도 없을 것 같은 환경과 상황에서 기억해야 할 것은 기분이나 환경, 상황으로 속이는 사탄을 대적하며 입을 열어 하나님을 찬양하기로 결정해야 한다는 것입니다. 왜냐 하면 나의 삶에서 일어나는 모든 일의 주관자는 하나님이심을 믿고 문제 위에 계시는 그리스도를 바라보아야 하기 때문입니다. 즉, 현재 상태가 하나님의 사랑과 우리를 위한 선하신 뜻임을 마음으로 받아들이며 인정하는 것입니다(행 16:23-26). 우리는 하나님께서 행하신 일들을 알 뿐만 아니라 더 나아가 하나님의 성품을 앎으로 그분을 높여 드릴 수 있습니다.

감사하는 마음은 예배의 문을 여는 것과 같습니다. "감사함으로 그 문에 들어가며"(시 100:4)라는 말씀처럼 예배의 처음 단계의 찬양은 하나님께서 예수 그리스도 안에 이미 이루어 놓으신 역사와 하나님의 행하신 일들이 무엇인지 기억하고 감사하는 것입니다. 하나님께서 나를 구속하시고 자유케 하시고 새롭게 하시고 행하셨던 모든 일들을 기억하며 그것을 감사하며 찬양하면서 나아갑니다.

찬양은 우리를 의롭게 하시고 날마다 우리에게 또는 이 땅에 행하신 놀라운 일들로 주님을 높이는 것입니다. "찬송함으로 그 궁정에 들어갈" 때, 즉 하나님 앞에 나올 때 여러 가지 힘든 일과 염려와 근심으로 나오기도 합니다. 그럴 때에는 주님께서 우리 안에 이미 이루어 놓으신 일들을 기억하며 선포함으로 자신을 무겁게 한 문제들을 떠나 기쁨을 회복하고 믿음을 취해야 합니다.

"그에게 감사하며 그 이름을 송축할지어다"라는 말씀을 기억하십시오. 이렇게 예배 가운데 나아가서 하나님의 보좌 앞에 이르렀을 때에는 하나님의 영광을 보게 됩니다. 그곳에서는 하나님께서 이루어 놓으신 일보다는 하나님 자신, 하나님의 마음, 즉 그의 은혜, 사랑, 거룩, 자비하심, 선하신 하나님을 보며 그의 영광을 찬양하게 됩니다. 하나님의 보좌 앞에서 하나님 그분을 바라보며 경배하는 단계에 이를 때 온전한 예배를 드리게 됩니다.

이해할 수 없는 고난의 순간에 욥은 하나님을 경배했으며, 아브라함은 자신의 목숨과도 같은 이삭을 제물로 바치라는 말씀 앞에서 경배하였습니다. 이들은 하나님을 들어서 아는 것이 아니라 하나님을 뵙고 하나님 자신과 하나님의 성품을 깊이 알아 그의 행하신 일 때문이 아닌 하나님의 하나님 되심에 대해 경배하였던 것입니다.

또한 여호사밧(대하 20:1-23)은 강한 적을 만났을 때 몸을 굽혀 얼굴을 땅에 대고 하나님을 경배하였으며, 노래하는 자들은 하나님을 찬송했습니다. 그때에 엘리사의 눈에 불말과 불병거가 산에 가득한 것을 보았으며 환경에 좌절하지 않고 하나님을 찬양할 수 있었습니다.

"하나님께서 즐거이 부르는 중에 올라가심이여"라고 큰 소리로 찬양할 때 하나님의 영이 임하시고 어둠의 권세가 물러간 것은 전혀 놀랄 일이 아닌 것입니다. 이처럼 찬양은

사막 한가운데서도 하나님의 대로를 수축하게 하는 길이라
고 말씀하십니다.

> "하나님께 노래하며 그 이름을 찬양하라 타고 광야에 행
> 하시던 자를 위하여 대로를 수축하라 그 이름은 여호와시
> 니 그 앞에서 뛰놀지어다"(시 68:4)

이렇게 우리는 주를 예배할 때에 마음과 입술을 다하여
찬양하고 또 하나님께 감사합니다.

6 모이는 예배 : 교회

교회는 예배하는 공동체입니다. 개인 예배가 중요한만큼
함께 드리는 예배도 매우 중요합니다. 우리는 하나님의 구
속된 백성들의 모임 가운데 임재하셔서 하나님의 영이 성취
하시는 독특하고 놀라운 사역을 알아야 합니다. 우리가 주
님을 예배하고자 함께 모일 때, 우리 안에는 하나님의 성품
이 세워지고 강해지며 변화하게 됩니다. 이것은 우리가 완
전하기 때문이 아니라, 예수 그리스도의 피 값으로 사신 주
의 백성이 그리스도의 몸에 연합되어 그리스도와 한몸을 이
루었기 때문입니다(롬 6:5). 우리는 오히려 연약한 존재들이
나 그리스도의 몸에 연합됨으로 예수 그리스도의 능력이 우

리를 통해 드러나게 하시고 강하게 하시며 변화되게 하셔서 세상을 넉넉히 이기게 하십니다. 우리가 함께 모여 하나님을 예배할 때 빛이 임함으로 어두움의 세상 권세는 무너지며, 주의 몸은 든든히 서 가서 모이는 공동체인 교회를 통하여 세상을 구원하시는 하나님의 감춰진 비밀을 이뤄 가게 하십니다. 이것이 이 땅에 있는 그리스도의 교회에게만 위임하신 특권입니다. 또한 서로 사랑과 선행을 격려할 수 있도록 함께 모여야 하며 하나님을 경배하고 예배하기 위하여 한 몸으로서 함께 모이는 것이 중요하다고 말씀하십니다.

"서로 돌아보아 사랑과 선행을 격려하며 모이기를 폐하는 어떤 사람들의 습관과 같이 하지 말고 오직 권하여 그 날이 가까움을 볼수록 더욱 그리하자"(히 10:24-25)

"너희도 산 돌같이 신령한 집으로 세워지고 예수 그리스도로 말미암아 하나님이 기쁘게 받으실 신령한 제사를 드릴 거룩한 제사장이 될지니라"(벧전 2:5)

온전한 예배는 "네 이웃을 네 몸과 같이 사랑하라"(막 12:28-31)는 데서 완성됩니다. 예배에서 만난 하나님의 사랑이 "독생자를 주시기까지 이처럼 사랑하신 세상"(요 3:16)에 생명으로 전해져서 열방들이 하나님께 돌아오며 생명을 얻고 예수 그리스도를 누림으로 하나님을 예배하시기를 원하십니다. 이것은 하나님을 높이고 영화롭게 하며 우리의 삶을 통하여 하나님을 나타내고 우리가 하나님께 순복하는 것을 보여 주기 때문입니다.

예배하는 것이 어렵다고 느껴질 때, 또 하나님의 말씀을 묵상하고 말씀으로 나의 삶을 움직이셔서 하나님을 찬양하게끔 하며 순종하는 것이 어렵다고 느껴질 때 우리는 그 자리에 멈춰 서서 성령님께서 가르쳐 주시고 인도해 주시도록 구하며 기다려야 할 것입니다.

기도 1. 성령께서 우리가 하나님의 하나님 되심을 알아 갈 수 있도록 인도해 주시기를 간구합시다.

2. 하나님께서 찾으시는 예배자가 되도록 도와주시기를 간구합시다.

기도의 만남 4 주

나라와 민족을 위한 중보 기도

■ ■ ■ ■ ■ 오늘의 말씀

"내가 진실로 진실로 너희에게 이르노니 나를 믿는 자는 나의 하는 일을 저도 할 것이요 또한 이보다 큰 것도 하리니 이는 내가 아버지께로 감이니라 너희가 내 이름으로 무엇을 구하든지 내가 시행하리니 이는 아버지로 하여금 아들을 인하여 영광을 얻으시게 하려 함이라"
(요 14:12 - 13)

오늘은 우리가 속한 나라와 민족을 위해 기도하려고 합니다. 종교의 자유가 보장되어 있고 더욱이 수많은 교회와 그리스도인이 넘쳐 나는 한 국가가 혼란스럽고 부패하는 것은 그 국가에 속한 그리스도인들의 영적 상태와 무관하다고 볼 수 없습니다. 그러므로 성도들은 늘 위정자들과 나라를 위해 기도해야 하며, 특별히 나라가 위경에 처했을 때 하나님의 백성들은 회개하며 기도해야 합니다. 자신이 속한 나라가 진정 하나님을 경외하고 청종하여 하나님의 의를 이루는 나라가 되기 위하여 기도합시다. 세우신 지도자뿐 아니라 사회를 구성하는 여러 요소들을 위해 기도할 수 있습니다.

지난 기도의 만남과 마찬가지로 기도에 들어가기 전에 우리나라에 대하여 각자 관심을 갖고 미리 조사해 오는 준비가 필요합니다. 우리나라의 ① 지리적 특성 ② 국가 면적, 인구, GNP, 문화와 풍습, 교육 환경, 종교 현황 등 ③ 주변국과 그들과의 관계 ④ 역사(방대한 역사를 가진 경우는 간단하게 요약하고 현대사 위주로 조사합니다.) ⑤ 현재의 정치, 경제, 사회 상황 등을 미리 조사합니다.

기도 팀 리더는 한 주 전에 기도 제목과 정보 수집에 대해 나누고, 두 사람이 분담하여 우리나라에 대한 정보에 대해 발제하도록 정합니다. 이때 한 사람은 우리나라에 대한 역사와 주변 환경을 중심으로, 한 사람은 우리나라의 현재 정치, 경제, 사회 상황에 대하여 발제하도록 합니다.

발제자의 발표로 조사해 온 정보를 나누고 팀원들이 보충합니다. 수집한 정보를 다 나누었으면 오늘의 기도 제목으로 기도하기 전에 '중보 기도를 위한 지침'에 따라 자신의 심령을 준비합니다. 이어 선입견과 편견을 내려놓는 시간을 갖습니다. 그런 후에 오늘의 주제에 대하여 하나님께서 어떻게 기도하기를 원하시는지 성령께서 주시는 음성을 귀 기울여 듣고 나눈 후 역시 대화식 기도로 진행합니다. 중보 기도를 위한 지침과 듣기, 대화식 기도는 기도의 만남 2주째에 설명되어 있습니다.

▶ **중보 기도를 위한 지침**
▶ **선입견과 편견 내려놓기**
1. 이제 오늘 기도할 우리나라에 대하여 자신이 가지고

있던 선입견, 편견이 있는지 성령께서 조명하여 주시
도록 잠잠히 들으십시다.
2. 들은 것을 돌아가며 조용히 나누어 보십시오.
3. 이제 각자 나눈 선입견, 편견을 통성으로 하나님께 고
백하며 내려놓으십시오.

오늘 기도해야 할 주제(우리나라)에 대하여 어떻게 기도해
야 할지 성령께서 주시는 음성을 듣고, 나눈 후 기도합시다.

▶ 듣 기
▶ 나누기
▶ 대화식 기도

제 **5** 강

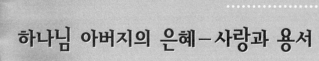

하나님 아버지의 은혜 – 사랑과 용서

■■■■ 이 과를 통해
당신은

1. 하나님의 깊고 넓은 사랑을 깨달아 알며 우리 안에 심으신 예수 그리스도의 사랑을 배울 수 있게 됩니다.

2. 하나님의 은혜를 알아 마음에 용서하지 못하고 있거나 보류하고 있는 사람들에 대해 용서를 선포함으로 자유케 됨과 중보 기도자의 자세를 배울 수 있게 됩니다.

■■■■ 오늘의 말씀

"믿음으로 말미암아 그리스도께서 너희 마음에 계시게 하옵시고 너희가 사랑 가운데서 뿌리가 박히고 터가 굳어져서 능히 모든 성도와 함께 지식에 넘치는 그리스도의 사랑을 알아 그 넓이와 길이와 높이와 깊이가 어떠함을 깨달아 하나님의 모든 충만하신 것으로 너희에게 충만하게 하시기를 구하노라"(엡 3:17 – 19)

141

1 하나님의 성품

우리가 중보의 기도를 드릴 때에 그 뜻대로 구하기 위해 서는 그분의 성품에 합당한 간구와 기도를 드려야 합니다. 말씀과 기도를 통하여 계시하신 하나님의 성품을 앎으로 그 분의 마음에 합한 기도를 할 수 있습니다. 그러므로 하나님 의 성품을 아는 것은 매우 중요한 부분입니다.

하나님께서는 크고 광대하시며 전지 전능하신 존재이시 지만 예수 그리스도를 통해 나타내신 성품은 피조물인 우리 와 관계하시는 통로가 됩니다. 우리를 지으실 때에 하나님 께서는 당신의 형상을 따라 창조하셨고, 당신의 성품을 우 리에게 전달하셨으므로 우리는 자유로운 영적 존재로서 하 나님과 교제할 수 있었고, 하나님께 반응할 수 있었습니다.

그러나 하나님의 형상에 속한 성품들은 인간이 타락할 때 죄로 인해 손상되었습니다. 하나님께서는 예수 그리스 도를 통하여 손상된 것을 다시 회복시키셨으며, 하나님의 형상을 새롭게 회복시키기 위해 지금도 우리 안에서 일하고 계십니다. 회복은 하나님과 인격적인 관계를 맺을 때 일어 나며 예배, 묵상, 기도 등을 통해 그분을 만남으로 하나님 의 성품을 구체적으로 경험하고 하나님을 경험한 그 힘에 의해 우리의 내면이 변화됩니다.

"너희는 유혹의 욕심을 따라 썩어져 가는 구습을 좇는 옛 사람을 벗어버리고 오직 심령으로 새롭게 되어 하나님을 따라 의와 진리의 거룩함으로 지으심을 받은 새 사람을 입으라"(엡 4:22-24)

하나님께서는 전지 전능, 무소 부재, 영원 불변과 같이 피조물인 우리가 가까이 갈 수 없는 본질을 가지고 계십니다. 그러나 거룩, 사랑, 정직, 공평, 긍휼, 겸손, 인내, 온유, 충성, 절제 등의 성품은 우리가 예수 그리스도 안에 거함으로 계속적으로 닮아 가서 하나님의 자녀로서 하나님 닮은 자가 되게 하십니다.

2 사 랑

사랑은 하나님의 성품입니다. 하나님의 사랑을 경험하여 알며 사랑 안에 거하는 삶을 살도록 우리를 부르시는 하나님께서는 우리가 하나님을 알고 사랑하기 전에 먼저 우리를 알고 사랑하셨습니다. 하나님께서 우리를 사랑하시는 이유는 우리가 사랑 받을 만한 무엇을 행하였거나 선한 것이 있어서가 아니라, 하나님의 조건 없는 사랑에 기반이 있습니다. 사람으로부터 기대되는 사랑이 아닌, 하나님으로부터 채워지는 사랑을 경험하는 것이 필요합니다.

우리가 예배 가운데서, 묵상과 기도를 통하여 임재하심 가운데서 만난 아버지는 사랑이시며 이 사랑을 누리게 하시고 또 나누게 하십니다. 임재하심 가운데 드러내시는 하나님의 마음을 알아 갈수록 영혼에 대한 동일한 마음을 품게 되며 그러한 아버지의 마음으로 기도할 수 있게 됩니다.

"하나님이 우리를 사랑하시는 사랑을 우리가 알고 믿었노니 하나님은 사랑이시라 사랑 안에 거하는 자는 하나님 안에 거하고 하나님도 그 안에 거하시느니라 이로써 사랑이 우리에게 온전히 이룬 것은 우리로 심판 날에 담대함을 가지게 하려 함이니 주의 어떠하심과 같이 우리도 세상에서 그러하니라 사랑 안에 두려움이 없고 온전한 사랑이 두려움을 내어쫓나니 두려움에는 형벌이 있음이라 두려워하는 자는 사랑 안에서 온전히 이루지 못하였느니라 우리가 사랑함은 그가 먼저 우리를 사랑하셨음이라 누구든지 하나님을 사랑하노라 하고 그 형제를 미워하면 이는 거짓말하는 자니 보는 바 그 형제를 사랑치 아니하는 자가 보지 못하는 바 하나님을 사랑할 수 없느니라 우리가 이 계명을 주께 받았나니 하나님을 사랑하는 자는 또한 그 형제를 사랑할지니라"(요일 4:16-21)

하나님께서는 우리가 성경을 통하여 우리를 향하신 하나님 아버지의 절절한 사랑을 알기 원하십니다. 성경에 기록된 하나님의 역사는 천지를 창조하실 때부터 믿음의 선조들과 예수 그리스도에 이르기까지, 또한 다시 오실 그때까지 구원의 역사를 쉬지 않으시는 하나님의 사랑의 역사입니다.

1. 생명나무와 선악과를 두신 사랑(창 2:9 - 3:21)

하나님의 가장 기본적인 본질인 생명과 선악을 아는 것을 동산 중앙에 두신 것은 우리에게 향하신 깊은 신뢰의 표현입니다. 진토인 우리의 연약함과 죄 지을 수 있음을 아셨지만 깊은 사랑으로 관계하심으로 아무것도 비밀리에 감추어 두거나 숨기지 않으셨습니다. 하나님의 사랑은 이처럼 우리를 인격적으로 완전히 인정하시고 교제하시는 두려움 없는 완전한 사랑이십니다.

또한 창조하신 천지 만물을 관리하도록 맡기시고 아담이 이름하는 그대로 인정해 주셨습니다(창 2:19). 죄를 지은 후에는 영원한 멸망으로 살까 봐 에덴 동산에서 쫓아내신 후 생명나무를 가리셨고(창 3:22), 나뭇잎으로 옷을 만들어 입고는 죄의식과 수치심 가운데서 사는 이들을 찾아오셔서 가죽옷을 지어 입혀 주시며 수치심과 죄의식을 가려 주시는(창 3:21) 사랑을 나타내십니다. 또 하나님의 공의 안에서 구원될 수 있는 길은 완전하신 하나님의 생명밖에 없음을 아시고 죄 지은 자를 위해 당신의 아들의 생명과 바꾸실 계획을 드러내십니다(창 3:15).

2. 아브라함에게 나타내신 사랑

하나님께서는 아브라함이 갈대아 우르를 떠나기 전에 이미 복을 주십니다. 행하는 것을 보아 가며 마음에 드는 대로 또는 행위의 옳고 그름을 따라 경감하는 것이 아닌, 하나님의 약속으로 말미암은 복을 주셨습니다. 아브라함의 모든 소유와 인간적인 위대함 뒤에는 때로 연약하고 경건치 못한 모습도 있었지만 하나님께서는 그의 믿음을 보시고 의롭다고 선언하셨습니다(롬 4:1-2). 그것은 오직 믿음으로만 구원하신다는 하나님의 주권적 선포이며 은혜인 것입니다.

우리도 이 땅에 태어날 때 모든 복을 이미 약속 받았습니다. 죄에서 태어난 우리가 인생의 여정을 통해 예수 그리스도를 만남으로 하나님을 경외하는 법을 배워 가고, 하나님 아버지를 알아 가며, 내 행위가 아직 죄인임에도 불구하고 믿노라고 고백할 때, 하나님의 주권으로 우리도 의롭다고 선언하십니다. 이것은 하나님께 속한 사랑으로 인해 우리에게 주시는 놀라운 은혜인 것입니다.

3. 성막을 통해 나타내시는 사랑

금송아지를 만들어 놓고 절하며 뛰는, 좌우를 분별하지 못하는 이스라엘 백성들(출 32:4)에게 하나님께서는 성막을 주셨습니다. 하나님께 나아올 수 있도록 모세를 통하여 성막을 주신 것입니다. 하나님께서는 하나님의 거룩하심과 그의 백성이 거룩하게 살아야 하는 삶의 양식을 가르치고 그의 백성 가운데 거하시고 만나기 위한 방편을 친히 만드십니다(출 25:22, 29:45-46, 33:7-11). 또한 이렇게 끊임없이 하나님을 외면하는 자기의 백성을 사랑하시어 살 길을 버리고 세상에 매여 종노릇하며 죽음을 향해 가는 인생들에게 선지자와 예수 그리스도를 보내시기까지 빛으로 인도하시기를 쉬지 않으셨습니다.

4. 십자가를 통해 나타내신 사랑

하나님의 본체이시나 그 동등 됨의 영광을 취할 것으로 여기지 않으셨던 예수 그리스도께서 사람의 모습으로 이 땅에 오실 때 그분은 어떠한 일을 겪으셨습니까? 광대하시고 시간과 장소의 제약이 없으신 천지의 창조주께서 제한된 육신을 입고 제한된 시간과 장소로 들어오시는 것을 누가 상상이나 할 수 있었겠습니까?

그분은 하나님의 공의를 이루시기 위해 엄청난 대가를 치르셨습니다. 우리에게 무엇과도 비할 데 없는 사랑을 주시기 위한 값은 바로 하나님의 아들의 죽음이었습니다. 이 땅에 계실 때에 많은 이적과 기사를 행하셨고, 병자를 고치시고, 죽은 사람을 다시 살리신 것도 예수 그리스도께서 이 땅에 오신 궁극적인 목적은 아니었습니다. 그렇게 병과 고

통 가운데서 신음하는 사람들의 근본 문제인 죄와 사망을 해결하기 위하여, 하나님의 아들이 세상의 모든 죄를 담당하고 십자가에서 죽기 위해 이 땅에 오신 것이었습니다. 그래서 십자가에서 죽으심으로 영광을 받으시고 다 이루었다고 하셨습니다. 또 한 가지 놀라운 사실은 화목 제물이 되시는 사랑으로 이 땅에 오신 예수 그리스도께서 이제는 참으로 누추한 내 안에 거처를 삼으시고 영원히 함께하신다는 사실입니다.

> "내가 아버지의 이름을 저희에게 알게 하였고 또 알게 하리니 이는 나를 사랑하신 사랑이 저희 안에 있고 나도 저희 안에 있게 하려 함이니이다"(요 17:26)

5. 우리 안에 심겨진 예수 그리스도의 사랑

이제 예수 그리스도를 사랑하신 하나님 아버지의 놀라운 사랑은 우리 안에 있으며 이 사랑으로 살게 하십니다. 우리 안에 이러한 하나님의 사랑이 있는 것을 확인할 때 우리는 예수 그리스도의 삶을 따르며 그와 함께 그 사랑을 나누고 싶어하게 됩니다. 놀라운 은혜를 입은 우리는 이제는 내가 사는 것이 아니요 내 안에 그리스도가 사신 것이라는 고백을 하게 됩니다.

"믿음으로 말미암아 그리스도께서 너희 마음에 계시게 하옵시고 너희가 사랑 가운데서 뿌리가 박히고 터가 굳어져서 능히 모든 성도와 함께 지식에 넘치는 그리스도의 사랑을 알아 그 넓이와 길이와 높이와 깊이가 어떠함을 깨달아 하나님의 모든 충만하신 것으로 너희에게 충만하게 하시기를 구하노라"(엡 3:17-19)

그 사랑의 넓이는 공평하신 하나님의 사랑으로서 모든 족속과 세대에서 누구라도 구원받을 수 있는 길을 주시고 어떤 민족적, 인종적 또는 문화나 빈부, 높고 낮음에 상관치 않고 부르시는 사랑입니다. 예수 그리스도만이 구원의 길이라고 제시한 것이 독선적인 것처럼 세상은 공격을 하기도 하나 오히려 예수 그리스도께로 오기만 하면 어느 누구도 구별하지 않고 주시는 넓은 사랑입니다.

사랑의 길이는 하나님의 시간으로 생각해 볼 때 우리를 사랑하시되 창세 전부터 사랑하셨으며 지난 세대뿐만 아니라 오는 세대까지 사랑하시되 끝까지 사랑하시고 영원히 사랑하심을 표현합니다.

사랑의 높이는 우리를 거룩하게 하시는 사랑입니다. 하나님께서 우리를 인정하시는 높이는 예수 그리스도와 같이 거룩한 위치입니다. "내가 거룩하니 너희도 거룩할지어다"(벧전 1:16). 우리가 하나님과 온전한 관계에 있을 때 하나님께서는 우리도 거룩하다고 말씀하십니다.

사랑의 깊이는 죽음을 겪으심으로 죄와 사망으로부터 건져내신 깊은 사랑입니다(엡 4:8-9). 그리스도는 죽기까지 사랑하심으로 자신의 사랑을 확증하셨습니다.

이러한 사랑의 비밀이 우리에게 있으며, 이 보물이 우리 속에 있습니다. 예수 그리스도의 사랑에 뿌리를 깊이 내리고 하나님의 충만하게 하시는 것으로 충만케 되는 복을 누리게 되며 사도 바울처럼 이 사랑의 축복을 내리도록 무릎 꿇는, 축복하는 자리로 들어갈 수 있습니다.

효과적인 사역을 위해 유대와 같은 중심지로 진출하라는 권유에도 불구하고 예수님께서는 오히려 아무 쓸모 없이 버려진 거라사인의 귀신들린 한 불쌍한 영혼을 찾아가서 구원하십니다. 또한 바쁜 사역 중이었을 빌립 집사는 성령에 이끌리어 광야로 가서 에티오피아 내시를 만남으로 아프리카 족속을 살려내는 일을 이루게 하심같이, 하나님의 부르시는 그 자리에 들어가는 사람의 순종함을 통해 사랑의 역사는 이어지게 됩니다.

이러한 사랑을 나누며 그리스도께 순종한 사람들을 통해 내가 알든지 모르든지 이 복된 소식이 나에게까지 전해졌습니다. 선교사들과 전도자들과 중보 기도자들을 통해 사랑을 전해 받는 우리는 이제 사랑의 빚진 자들입니다. 이 사랑의 빚진 자가 마땅히 들어가야 하는 자리는 사랑을 나누며 생명을 살리도록 부르시는 기도와 선교의 자리입니다.

③ 용서

우리가 이러한 하나님의 사랑 가운데 깊이 뿌리 내리지 않고 살아오는 과정에서 오랫동안 억압받음으로 생긴 상처에 뿌리를 내리면 오히려 쓴 뿌리가 생기게 되고 은혜에 이르지 못하며 서로 괴로움을 입히게 됩니다. 마음의 오랜 근심이나 슬픔, 분노 등으로 상하게 된 영이라는 땅에 서서 어려운 일들을 삶에서 경험하게 되면 이 쓴 뿌리는 더욱 깊이 자리를 잡게 됩니다. 그래서 강퍅, 고집, 미움, 열등의식, 우울, 자살, 비판, 완벽주의, 강한 소유욕, 성취욕 같은 더럽히는 열매들이 열리게 됩니다.

하나님께서는 이러한 상태에 있는 사람들이 쓴 뿌리의 열매만을 제거하기보다는 잘못 내려진 뿌리를 제거하기를 원하시며, 여호와 라파 치료의 하나님으로 다가와 회복을 약속하십니다(출 15:25-26).

중보 기도자는 하나님의 사랑이 어떠한지 알아 그 사랑 안에 거하며 나누는 자입니다. 용서받은 은혜를 아는 자가 나에게 죄 지은 자를 용서함으로 얻는 자유함을 경험하게 되고 이렇게 회복된 사랑으로 이웃을 사랑하고 섬기게 되며 이것이 기도하는 기반이 됩니다.

1. 빛으로의 초청

하나님께서 우리에게 행하신 일은 흑암의 권세에서 건져내어 사랑의 아들의 나라로(골 1:13) 들어가게 하신 일입니다. 그리하여 우리의 모든 삶의 영역에서 빛의 자녀로 합당한 사람이 되게 하셨습니다. 그러므로 우리는 진리 가운데로 걸으며 빛 가운데로 행하여야 합니다.

그러나 그리스도인의 마음에도 어두움에 숨겨진 일들이 삶에 영향을 미치고 있는 경우가 있습니다. 우리의 삶의 모든 영역에서 빛으로 채워지지 않은 것들은 성령이 비추어 주실 때 드러나며, 말씀에 순종함으로 어두움에서 빛 가운데로 옮기도록 인도하시며 도우십니다. 그러나 성령의 말씀에 민감하게 반응하지 못하게 되면 모든 생각과 사고와 삶의 양식이 세상의 것으로 채워지고 세상을 묵상하게 되므로 염려와 미움으로 마음이 어두워지게 됩니다. 이것은 우리의 무기인 믿음과 말씀을 빼앗기는 것이고 또한 사탄의 포로가 되게 하는 것입니다(눅 11:21-22).

우리의 있는 모습 이대로 사랑하시는 하나님께서는 우리를 치유하고 용서하고 회복하기를 원하십니다. 그래서 빛 가운데 행하도록 초청하고 계시며 주님 앞에 나와 있을 때마다 어두움을 드러내시고 고쳐 주십니다. 마라의 쓴 물에 나무를 던짐으로(출 15:25) 단 물이 되었듯이 십자가를 통하여 용서의 마음을 주셨으므로 회복할 수 있는 길을 보이셨습니다. 용서 때문에 예수님께서는 십자가에서 돌아가셨으며, 용서하지 않는 마음은 마음이 어두워지는 이유 중 하나입니다.

"그러므로 내가 이것을 말하며 주 안에서 증거하노니 이제부터는 이방인이 그 마음의 허망한 것으로 행함같이 너희는 행하지 말라"(엡 4:17)

2. 용서하지 못하는 마음

세상은 본질적으로 용서하기를 좋아하지 않습니다. 복수하는 것으로 마음이 시원해질 것 같고, 그렇게 하는 것이 정의를 이루는 것인 것처럼 보이기도 합니다. 그러나 예수 그리스도는 실제로 용서의 삶을 사셨고 성경은 용서를 명령하고 계십니다. 하나님께서 우리를 용서하신 것같이(엡 4:32; 골 3:13) 서로 용서하라고 말씀하십니다.

참으로 성경의 말씀대로 용서를 결정하는 것은 쉬운 일이 아닙니다. 우리의 감정이 상처를 받을 때 부정적인 감정은 자신을 연민 가운데로 끌어들여 그 상처를 계속적으로 생각하게 하고, 분노 가운데 빠지게 하며, 억울하여서 용서하지 않기로 결정하는 굳은 마음이 되게 합니다. 우리가 용서하지 않으면 용서할 때까지 괴로운 전쟁의 시간을 겪게 되며, 영적으로나 감정적으로 무력하게 되어 분노, 원망,

미움, 폭력의 간수가 있는 감옥에 갇히게 됩니다.

우리가 하나님의 은혜에 이르지 못하는 것은 겸손하지 않고 교만하기 때문입니다(히 12:15). 우리의 교만함으로 인하여 우리의 자존심이 타격을 입게 되고 그래서 용서하지 않기로 결정합니다. 이렇게 결정된 굳은 마음, 즉 용서하기를 거부하는 마음은 두려운 죄인 것입니다. 용서하지 않는 사람은 상한 심령이 되기를 거절하며 하나님을 기쁘시게 하는 예배를 드릴 수 없고 성도의 교제를 깨뜨리며 또한 기도할 수 없게 됩니다.

> "서서 기도할 때에 아무에게나 혐의가 있거든 용서하라 그리하여야 하늘에 계신 너희 아버지도 너희 허물을 사하여 주시리라 하셨더라"(막 11:25)

> "누가 뉘게 혐의가 있거든 서로 용납하여 피차 용서하되 주께서 너희를 용서하신 것과 같이 너희도 그리하고"(골 3:13)

용서하지 못하는 마음보다 하나님과의 관계를 파괴하는 것은 없습니다. 그것은 기도를 방해하며, 서로 용서하지 않음으로 하나님의 은혜로부터 떨어져 나가게 되며, 하나님의 보호를 거절하게 됨으로 사탄으로 하여금 틈탈 기회를 제공하게 됩니다.

"내가 내 마음에 죄악을 품으면 주께서 듣지 아니하시리라"(시 66:18)

이제 우리는 미워하고 용서하지 못했던 사람들을 향해 용서를 선포함으로 마음을 어둡게 하는 두려운 죄에서 자유할 뿐만 아니라 성령의 회복시키신 기쁨이 충만한 길을 걸어야 하겠습니다.

3. 용서의 근거

거룩하신 하나님께서는 행악자의 저지른 악을 단순히 무시해 주시거나 면제해 주시지 않습니다. 있는 죄를 없는 것처럼 그냥 덮고 지나칠 수 있는 것처럼 오해할 수 있으나 공의로우신 하나님께는 오히려 이것은 부당한 일입니다. 성경은 모든 죄를 벌한다는 사실을 엄숙히 경고하고 있습니다.

"스스로 속이지 말라 하나님은 만홀히 여김을 받지 아니하시나니 사람이 무엇으로 심든지 그대로 거두리라"(갈 6:7)

성경은 하나님과 죄인은 원수의 관계라 합니다(롬 5:10, 8:7). 불법을 행하는 자를 미워하시고 그 누구의 죄라도 사소한 것은 없다고 말합니다. 죄성을 타고났으므로 본질상

진노의 자녀이고(엡 2:3), 소망이 전혀 없던 우리를 구하시기 위해서는 하나님 자신이 독생자이신 예수 그리스도를 우리 죄를 위한 속죄 제물로 삼으셔야 했던 것입니다(고후 5:21).

바로 복음이 이것입니다. 이것은 우리가 아주 잘 알고 있는 사실입니다. 그러나 이 은혜를 깊이 알아 갈 때 하나님의 마음을 알게 되며 영광스러운 진리를 알게 됩니다. 이 진리의 말씀이 또한 용서를 구하는 죄인들이 가질 수 있는 유일한 희망입니다.

> "긍휼과 진리가 같이 만나고 의와 화평이 서로 입맞추었으며"(시 85:10)

이렇게 하여 모든 믿는 자들은 자신이 갚을 수 없는 빚을 탕감 받게 되었는데 우리는 그 빚을 갚기 위하여 어떠한 노력도 한 것이 없습니다. 전적으로 하나님께서 우리를 위하여 하신 일인 것입니다. 하나님께서 거저 주시는 이 용서는 상상할 수 없는 하나님의 은혜이며 이 은혜는 다른 모든 용서의 근거가 됩니다. 이렇게 하나님의 용서는 우리가 용서하며 살아가야 하는 근거를 제시합니다.

우리에게 상처 준 사람을 용서하기 위하여 우리는 오직 십자가 위에서만 발견할 수 있는 하나님의 은혜와 긍휼이 필요합니다. 그곳에서 하나님께서 그리스도 안에서 얼마나 나를 사랑하심으로 용서하셨는지 알기 시작하며, 그 사랑에 의하여 그 사람을 용서하지 않을 수 없게 되는 것입니다. 그래서 용서는 아무런 대가 없이 용서받은 사람이 마음으로 하는 응답인 것입니다. 우리 자신이 얼마나 용서가 필요한 사람인지 알 때 오히려 용서는 하나님의 선물이며 은혜인 줄 압니다.

4. 용서의 능력

"너희는 모든 악독과 노함과 분냄과 떠드는 것과 훼방하는 것을 모든 악의와 함께 버리고 서로 인자하게 하며 불쌍히 여기며 서로 용서하기를 하나님이 그리스도 안에서 너희를 용서하심과 같이 하라"(엡 4:31–32)

용서를 선택하는 것은 곧 하나님의 마음을 취하는 믿음의 행동입니다. 하나님께서 우리를 용서하신 것 같이(엡 4:32) 서로 인자하게 하며 용서하라고 주님께서는 명령하십니다. 우리의 의지를 가지고 잘못을 용서하겠다는 결정을 내리도록 촉구하시는 말씀입니다. 믿음은 감정에 의해 결정되지 않습니다. 감정이 보복하도록 요구할 때 의지로 용서를 선포한다고 해서 그것은 위선이 아니며 감정이 어떠하든지 주님의 말씀을 믿음으로 취해 내야 하는 것입니다.

감정은 끊임없이 상처를 곱씹게 만들고 되풀이하여 기억

하고 그 분노의 감정을 계속하여 누리도록 끌어들이려 하지만 우리는 믿음으로 진리이신 하나님의 뜻을 따르기로 선택하고 결정하여 그 말씀에 거하도록 하여야 합니다. 우리의 감정에 대하여도 성령의 도우심을 구할 때에 우리 안에 계신 성령께서 중심으로 용서할 수 있는 힘을 주십니다.

용서를 선포함으로 관계가 회복되며 사랑이 확증되며 기쁨이 회복됩니다. 우리를 부르신 것은 정죄하며 심판하도록 하신 것이 아니라, 오히려 하나님의 긍휼하심을 입어 그 은혜로 사는 자임을 기억하며 서로 섬기도록 하기 위함입니다. 우리가 다른 사람을 향하여 품어야 하는 태도와 행위는 사랑과 긍휼의 태도입니다. 이것이 또한 우리에게 향하신 하나님 아버지의 마음입니다.

중보 기도는 하나님의 은혜가 임하시도록 끊임없이 하나님의 이러한 긍휼을 요청하는 것입니다. 주님께서는 심지어 원수에게도 긍휼과 용서를 베풀며 기도하도록 하셨으며, 복수나 원망하는 마음이 아닌 용서하는 마음을 갖도록 호소하십니다. 용서하는 것은 이 땅에서 매인 것들을 푸는 역할을 하며 하나님께서 일하실 수 있도록 길을 열어 놓는 것입니다(요 20:23).

성경에서 몇 가지 예를 찾아보면, 이스라엘이 아직 광야 생활을 할 때에 모세는 구스 여인을 취한 일로 자신에게 대적하는(민 12:1-13) 아론과 미리암에게 변명하지 않고 하나님 앞에 엎드렸으며, 이 일로 인해 미리암이 문둥병에 걸렸을 때에 용서하며 중보 기도했습니다. 또 욥이 고난 가운데 있을 때에 찾아온 세 친구의 죄에 대하여 하나님께서는 욥에게 중보 기도하도록 명하셨습니다(욥 42:9).

또한 사울이 스데반을 죽이자고 앞장섰을 때 스데반은 용서함으로 기도하였고, 하나님께서는 그의 중보 기도를 들으셨습니다. 스데반 같은 증거자를 잃는 것이 손해인 것 같이 보이지만, 그의 용서의 기도는 땅에서 푸는 역할을 했으며 사울이 이 땅에서 자유케 되어 예수 그리스도께 나올 수 있는 길을 열어 놓은 것입니다(행 8:1). 또한 전적으로 무죄한 예수님께서 십자가에 달리셨을 때에도 그 십자가 위에서 용서가 가득한 마음으로 우리를 용서하시며 중보 기도하셨습니다.

이 세상에서 죄 없는 사람이 죄 지은 사람에게 하는 것이 용서일진대, 이 땅에서 용서할 수 있는 사람은 누구겠습니까? 아무도 없습니다. 우리는 누구를 용서할 수 있는 자격이 있는 자들이 아닙니다. 용서는 하나님으로부터 시작된 것입니다. 또한 우리는 용서하지 않을 권리가 없습니다. 하나님께서 택하신 거룩하고 사랑 받는 자이므로 긍휼과 자비와 겸손과 온유와 오래 참음으로 다른 사람을 용서해 주라고 하십니다. 용서는 우리에게 있어 교만, 증오, 분노 또는 원한 등을 십자가에 못 박는 것을 의미할 수 있습니다. 우리는 용서할 수 없는 정당한 이유를 댈 수도 있을 것입니다. 그러나 하나님께서는 그런 우리에게 오히려 회개하라고 명령하십니다.

하나님께서는 지금도 끊임없이 자기에게 반역하는 사람들에게 손을 내밀고 계십니다. 자기의 형상대로 지으시고 자신의 사랑을 우리에게 나누어 주려고 애를 쓰십니다. 또한 하나님께서 우리를 사랑하심으로 주시기를 원하는 생명을 거절하는 사람들을 향해 슬퍼하시는 마음을 우리와 함께 나누고자 하십니다.

중보 기도자는 이러한 하나님의 사랑이 어떠한지 알며 그 사랑에 거하며 나누는 자입니다. 하나님의 성품 자체인 사랑을 깊이 묵상하며, 이 사랑을 경험하고, 이러한 사랑을 받는 감격과 은혜를 기억하며, 날마다 새로운 하나님과의 관계를 고백하는 삶을 살게 됩니다. 또한 그에게 사랑을 고백하는 우리가 그의 고통과 슬픔을 느끼는 것이 놀랄 일은 아닙니다. 이러한 하나님의 사랑으로 이웃을 사랑하고 섬기며 기도하는 기쁨이 됩니다.

또한 우리는 하나님의 빛 되심에 대하여 알며 우리를 어두운 데서 불러내심과 용서하시고 자유케 하심을 경험하며 개인간뿐만 아니라 모든 백성과 열방에 이르기까지 용서함으로 매인 것을 풀며 회복되는 것을 볼 것입니다.

기도　1. 하나님의 깊고 넓은 사랑을 우리에게 계시하시고 그 은혜를 알게 하시기를 구합시다.

2. 마음에 용서하지 못했거나 보류하고 있던 사람들에 대해 용서를 선포합시다.

■ ■ ■ ■ ■ **오늘의 말씀** "진실로 너희에게 이르노니 무엇이든지 너희
가 땅에서 매면 하늘에서도 매일 것이요 무엇
이든지 땅에서 풀면 하늘에서도 풀리리라 진실
로 다시 너희에게 이르노니 너희 중에 두 사람
이 땅에서 합심하여 무엇이든지 구하면 하늘에
계신 내 아버지께서 저희를 위하여 이루게 하
시리라 두세 사람이 내 이름으로 모인 곳에는
나도 그들 중에 있느니라"(마 18:18 - 20)

오늘은 우리나라의 사회를 이루고 있는 영역(7 Mind
Molders, 정치, 경제, 교육, 가정, 예술, 언론, 종교)들을 좀 더
구체적으로 기도하는 것을 배웁니다. 이번 시간에는 이들
중 한 영역을 정하고 그것에 대해 정보를 조사해 옵니다.

교육계의 영역을 기도하기로 정했다면 교육계가 안고 있
는 여러 가지 구체적인 사안들, 예를 들어 청소년 문제나
입시 제도 등 어느 한 주제를 택할 수 있습니다. 또한 가정
계의 영역을 위해 기도하기로 했다면 출산 기피 현상이나
가정을 파탄으로 이끄는 음란 문화 등 여러 가지 세부적인
주제 중 한 가지를 미리 의논하여 정하고 충분한 정보를 수
집합니다.

이 시간에는 여러 영역들과 많은 기도의 제목들 중 한 가

지밖에는 기도할 수 없지만 모든 영역들에 전문적이고도 지속적인 기도의 파수꾼이 세워질 필요가 있습니다. 장차 많은 기도의 용사들과 기도 팀들이 곳곳에서 그 역할을 감당하시길 기대합니다. 발제자의 발표로 조사해 온 정보를 나누고 팀원들이 보충한 후 인도자의 인도에 따라 기도합니다.

먼저 '중보 기도를 위한 지침'을 통해 자신의 심령을 따라 준비한 후 기도의 만남 시간에 배웠던 대로 선입견과 편견을 내려놓습니다. 이어 오늘의 주제에 대하여 어떻게 기도해야 할지 성령께서 주시는 음성을 듣고 나눈 후 대화식 기도로 이어서 진행합니다.

▶ **중보 기도를 위한 지침**
▶ **선입견, 편견 내려놓기**
▶ **듣 기**
▶ **나누기**
▶ **대화식 기도**

제 **6** 강

생명 중심적 사고와 중보적 관점

■■■■ **이 과를 통해**
당신은

1. 하나님 중심 세계관과 인본주의 세계관에 대해 고찰하며 자신의 세계관을 점검할 수 있게 됩니다.

2. 예수 그리스도의 생명 중심적 사고로 전환하여 중보 기도자의 올바른 세계관을 정립할 수 있게 됩니다.

■■■■ **오늘의 말씀**

"하나님이 세상을 이처럼 사랑하사 독생자를 주셨으니 이는 저를 믿는 자마다 멸망치 않고 영생을 얻게 하려 하심이라 하나님이 그 아들을 세상에 보내신 것은 세상을 심판하려 하심이 아니요 저로 말미암아 세상이 구원을 받게 하려 하심이라"(요 3:16 - 17)

관점은 무엇을 보는 시각이나 입장을 의미하며, 사람들은 삶의 다양한 영역에 대해 각자 나름대로의 입장을 가지고 있습니다. 관점은 공부를 하여 이론적으로 학습된다기보다 어릴 때부터의 경험을 통해 자연스럽게 형성됩니다. 이러한 관점은 각 사람의 생각 속에 자리 잡고 있는 세계관의 표현이며, 사람들은 자신 안에 형성되어 있는 세계관에 의해 행동을 결정하게 됩니다. 내가 누구이며, 어떻게 살아야 하고, 어디로 갈 것인가, 또 가장 귀중하게 여기는 것은 무엇인가 등의 근원적인 생각으로 인해 세계관이 형성되고 그 형성된 세계관대로 결정하며 살아가게 됩니다.

이런 세계관을 크게 두 개의 틀로 나누어 보면 신본주의 세계관과 인본주의 세계관으로 나눌 수 있습니다. 신본주의는 기독교적 세계관으로 사람과 우주와 만물은 하나님의 말씀으로 창조되었고, 하나님의 섭리에 따라 유지하시며 그 목적대로 이루어 가신다는 것을 받아들이는 세계관입니다. 그렇기 때문에 우주 만물은 하나님께 의존적이라는 것을 인정합니다. 반면에 인본주의는 우주와 인류의 기원은 물질에서 출발하여 물질의 정교한 조합으로 저절로 만들어진 존재라는 이론에서 출발합니다. 르네상스 이후 서구 문명 사회를 중심으로 인본주의가 꽃피기 시작하였는데, 인간의 이성을 중시한 과학적 합리주의, 계몽주의로 계승되어 오다가 진화론을 토대로 하여 세속적인 인본주의로 발전하게 됩니다. 진화론은 생물학의 각 분야에 영향을 주었을 뿐 아니라 생존 경쟁설에 따라 인종 차별, 약육강식을 합리화하여 제국주의가 번성하는 데 이용되었고, 극단적인 우생 정책으로 인종을 말살하려 하였던 나치즘도 그 영향을 받았습니다. 오늘날 인본주의는 뉴 에이지 운동의 형태로 나타나 사회 전반에 파고들고 있습니다.

이렇게 큰 틀의 두 형태의 세계관을 살펴봄으로 우리 안에 들어와 있는 세속주의적 바알 신앙을 거절하고 말씀에 따른 성경적 세계관을 새롭게 정돈하여 거룩한 영향력을 미칠 수 있어야 하겠습니다. 우리의 관점을 예수 그리스도의 관점으로 전환함으로 우리의 삶의 동기와 태도가 바르게 세워질 때 올바른 중보 기도자의 태도가 준비될 수 있습니다.

ⓘ 관점의 전환을 위하여

나는 누구이며, 삶의 목적은 무엇인지 우리 각 사람의 정체성과 신분을 명확히 인식하는 것이 우리의 관점을 빠르게 바꿀 수 있는 길이 됩니다.

1. 우리의 정체성

우리는 신분상 죄인으로 태어났습니다. 그러나 예수 그리스도를 영접한 후 신분이 변화되었습니다. 하나님의 자녀, 만왕의 왕이신 분의 자녀로서 특권을 누리게 되었으며, 택하신 족속, 왕 같은 제사장, 거룩한 나라, 하나님의 소유 된 백성의 정체성을 가지게 되었습니다. 그렇게 하신 이유 를 성경에서는 "어두운 데서 불러내어 그의 기이한 빛에 들 어가게 하신 자의 아름다운 덕을 선전하게"(벧전 2:9) 하시 기 위함이라고 하셨습니다.

그러나 우리에게 부여된 신분의 권한을 알고 사용할 수 있을 때에야 그 직임은 비로소 능력을 나타내게 됩니다. 그 것은 우리를 통하여 세상이 하나님의 뜻에 합당하게 다스려 지는 일이 일어나야 하는 것을 의미합니다. 우리가 비루한 세상의 소욕들을 완전히 포기하는 대가를 치를 때 세상을 하나님의 법으로 다스리는 놀라운 우리의 신분을 확인할 수 있으며, 진정한 왕의 자녀로서의 존귀함을 드러낼 수 있게 되는 것입니다.

2. 생명 중심으로

하나님의 자녀로서 명확한 정체성을 갖게 된 사람은 아 버지의 마음과 관심을 동일하게 이어받습니다. 하나님의 관심이 있는 것, 귀중히 여기시는 것을 귀히 여기며 관심을 갖습니다. 성경 전체를 통하여 하나님은 "나는 모든 가치를 생명에 둔다."고 말씀하십니다. 그리고 예수 그리스도를 통 해 우리에게 생명을 주셨습니다. 마태복음 1장에 기록된 예수 그리스도의 세계는 생명을 잉태하고 출산하는, 이스라 엘의 족보를 통해 예수 그리스도에 이르기까지 이어져 내려 온 생명의 세계입니다. 지금도 예수 그리스도를 믿음으로 하나님의 자녀가 된 자들에 의해 생명의 역사는 이어지고 있습니다.

그러므로 우리 자신의 신분과 정체성을 명확히 인식하여 우리가 무엇을 위해 살아야 하며 어떻게 살아야 하는지 알 고 성령의 도우심으로 우리의 삶을 능동적으로 변화시켜 나 가야 하겠습니다.

② 생명 중심적 사고

1. 생명나무

"여호와 하나님이 그 땅에서 보기에 아름답고 먹기에 좋 은 나무가 나게 하시니 동산 가운데에는 생명나무와 선악 을 알게 하는 나무도 있더라"(창 2:9)

생명나무와 선악을 알게 하는 나무를 두신 것은 하나님 의 완전한 신뢰와 위탁의 표현입니다. 하나님께서는 생명 나무 열매는 금하지 않으셨고, 오히려 이 열매를 먹고 영원 히 하나님과 함께하는 삶을 마련하셨습니다. 생명은 하나님의 본질이며, 하나님께서는 이 생명을 우리가 취하여 하나님의 생명에 참여하여 하나님으로 말미암아 살기를 원하셨습니다. 생명이란 하나님을 알고 자신의 삶 속에서 온전히 그분을 받아들이는 능력인 것입니다

2. 욥에게 제시하신 하나님의 가치

"사람이 그 모든 소유물로 자기의 생명을 바꿀 것"(욥 2:4)이라는 사탄의 참소에도 불구하고 하나님께서는 상대적인 소유적 가치를 생명과 바꿀 수 없음을 가르치신 것이 불의한 일인가 하고 욥에게 질문하십니다.

> "네가 내 심판을 폐하려느냐 스스로 의롭다 하려 하여 나를 불의하다 하느냐"(욥 40:8)

하나님께서는 욥에게 생명의 가치를 가르치셨고, 이 생명은 하나님께 속하였음을 확실히 하셨습니다. 이제 욥은 귀로 들어 알고 있던 삶에서 하나님을 앞에 모시는 놀라운 삶을 살게 된 것입니다. "욥이 그 벗들을 위하여 빌매…여호와께서 기쁘게 받으셨더라"(욥 42:9-10)고 기록된 대로 생명을 살리는 제사장의 놀라운 특권을 받게 된 것입니다.
세상의 관심은 고통을 없이하는 데 모든 초점이 맞추어져 있습니다. 고통은 인간이 가장 싫어하는 것이기 때문입

니다. 그러나 하나님께서는 하나님과 함께 생명을 누리는 것에 가치를 두고 계십니다. 때문에 우리에게 주신 이 가치와 이 직책의 귀중함을 깊이 깨닫는 것이 매우 중요합니다. 우리는 진정으로 이것이 복인 것을 알아야 하는 것입니다.

"저희에게 이르시되 삼가 모든 탐심을 물리치라 사람의 생명이 그 소유의 넉넉한 데 있지 아니하니라 하시고"(눅 12:15)

3. 생명이신 예수 그리스도

하나님께서는 생명의 근원이십니다. 그러므로 하나님을 떠난 삶은 생명이 없는 삶인 것입니다. 인간이 하나님 없이 스스로 살 길을 택했을 때 그 결과는 참담한 죽음이었습니다. 이제 생명 없이 죽는 자를 살리기 위해 예수님께서 십자가에서 죽으시고 부활하심으로 우리의 그리스도가 되셨으며 생명의 떡이 되셨습니다.

"내가 곧 생명의 떡이로라…이는 하늘로서 내려오는 떡이니 사람으로 하여금 먹고 죽지 아니하게 하는 것이니라 나는 하늘로서 내려온 산 떡이니 사람이 이 떡을 먹으면 영생하리라 나의 줄 떡은 곧 세상의 생명을 위한 내 살이로라 하시니라"(요 6:48-51)

우리가 예수님을 받아들일 때에 그는 우리 안에 들어와 참 생명이 되시며 우리가 날마다 그를 먹을 때에 그는 우리에게 생명을 나누시고 풍성히 공급하십니다. 이 예수 그리스도를 떠나서는 생명 얻을 다른 길이 없으며 이것이 우리의 유일한 소망인 것입니다(요일 5:12).

예수 그리스도 안에 있는 하나님의 생명을 우리가 얻게 된 것은 하나님의 값없이 주시는 은혜로 말미암은 것이며, 그 귀한 생명을 선물로 받은 것입니다. 이 생명으로 인해 우리는 하나님의 보좌 앞에 나아가는 담력을 얻었고 하나님의 자녀가 되는 권세를 누리며 예수 그리스도와 함께 다스리는 자가 된 것입니다.

③ 소유 중심적 사고

인본주의와 진화론적 세계관은 인류로 하여금 물질주의에 물들게 하였습니다. 이러한 풍조는 소유에 최고의 목표와 가치를 두도록 하여 소유를 추구하는 데 삶의 목표를 두게 함으로 생수의 근원인 하나님을 떠나 바알(세속주의, 풍요와 다산의 성공주의)을 좇게 했습니다.

불행하게도 우리 그리스도인들도 소유의 문제에 관해 자유롭기란 그리 쉽지 않습니다. 기존 세계에 통용되고 있는 소유 중심의 가치관에 익숙해지도록 어려서부터 교육을 받아 왔기 때문입니다. 인본주의가 만연한 세상 속에서 성장해 온 우리가 성령의 도우심으로 우리의 삶의 기반을 생명 중심적 사고로 옮기는 일이 시급한 것입니다.

세계관의 대결이야말로 사탄의 최고 전술이며 치열한 영적 전쟁의 영역입니다. 왜냐 하면 세계관은 사람을 움직일 수 있는 힘이기 때문입니다. 어두움의 세상 주관자들은 사람들의 세계관에 붙어서 끊임없이 하나님 없이 살도록 속이며, 사탄의 노예가 되는 종말로 이끌어 갑니다.

1. 아담 이후 오늘날까지 계속되는 사단의 속임수 - 인본주의

"뱀이 여자에게 이르되 너희가 결코 죽지 아니하리라 너희가 그것을 먹는 날에는 너희 눈이 밝아 하나님과 같이 되어 선악을 알 줄을 하나님이 아심이니라"(창 3:4-5)

생명은 생명의 근원이신 하나님을 완전히 의지함으로만 얻을 수 있는 것인데, 아담은 독립적이며 스스로 만족하는 길을 택함으로 인해 자기 양심의 기준을 절대적 자리에 올려 놓게 되었고, 이것이 교만과 자기 의의 출발이 되었습니다.

하나님과 같이 된다는 것은 하나님과 동일하게 선악을 알게 되었다는 의미가 아닌 사탄의 속임수에 불과합니다. 인간이 이 속임수에 말려듦으로 생명의 근원인 하나님과 분리되었습니다. 이로 인해 양심은 부패되었고, 도덕적 선악에 대한 하나님의 절대적 기준을 상실했습니다. 한 걸음 더 나아가 이제 자기 스스로의 절대적 기준으로 선악을 아는 전능자인 양 착각하는 존재가 되어 자신의 동기와 기준에 비추어 자기 스스로 의롭다고 여기며, 다른 사람을 판단하는 교만한 존재가 되어 정죄하고 심판하여 죽여 버리기까지 하는 돌이킬 수 없는 존재가 되어 버렸습니다. 사탄은 오래된 이 거짓말로 오늘날도 여전히 사람들을 속이고 있습니다.

아담을 유혹했던 사탄은 세 가지 속임수를 썼습니다. 첫째로, "죽지 않는다"는 것이었습니다. 심판이 없다는 믿음 또는 인생에 연한이 있다는 것을 망각하게 함으로 시간이 순환되고 있다고 여기게 하여 절대자를 경외하는 마음을 멀리하게 합니다. 그래서 자신의 운명을 자신이 스스로 결정하여 자살이나 안락사 등을 합리화하게 합니다. 또는 환생이나 윤회, 불사 영생술, 신비주의 등으로 생명이 연속된다고 속이며 우주와 합일된다고 주장합니다. 인간에게 원죄가 있다는 사실을 인정하지 못하게 하며, 인간의 육신적 욕망들도 자연적인 것으로 간주하게 하여 죄를 해결할 수 있는 길을 막아 버립니다. 이렇게 자신들이 받아들이고 싶은 대로, 옳아 보이는 대로 선택하게 함으로 죄와 사망의 문제를 해결하지 못하도록 합니다.

둘째로, "눈이 밝아 하나님같이 된다"고 속입니다. 인간의 지적 추구로 자아가 완성된다고 속이며 내 안의 잠재력을 개발함으로 신의 경지에 도달한다고 꿈꾸게 합니다. 그리스도를 통한 하나님과의 관계 회복이 아니라 인간 속에 잠재해 있는 신의 힘을 개발하여 스스로 신의 경지에 도달하고 신이 된다는 메시지를 어떠한 형태로든지 숨겨 두고 있습니다. 이런 속임수는 과학주의, 진화 사상, 유물론적 생명관, 뉴 에이지 운동 등에 계승되고 있습니다. 하나님은 없고 '내'가 주인이라는 사상을 가지고 역사를 통해 내려오면서 끊임없이 그 모양을 달리하며 사상과 철학의 옷을 입고 사람들의 세계관에 영향을 미쳐 왔습니다. 또한 이 속임은 우리가 그리스도인이 된 후에도 하나님께서 우리를 위하여 무엇을 하셨는가보다 우리가 하나님을 위해 무엇을 하는가에 초점을 맞춤으로 인간이 가장 소중하게 생각하는 자아를 만족시켜 줍니다. 바벨탑은 '자신만만하고 영원한 인간의 기념물'이었으나 그 바벨탑을 하나님께서 금지시키시고 사람들을 흩으신 것을 기억하며, 우리 안에 이 바벨탑이 어떠한 형태로든 다시 수축되고 소중히 여겨지는 것에 대해 경계하며 훼파하여야 합니다.

"또 말하되 자 성과 대를 쌓아 대 꼭대기를 하늘에 닿게 하여 우리 이름을 내고 온 지면에 흩어짐을 면하자 하였더니"(창 11:4)

셋째로, "선악을 알게 된다"고 속입니다. 선한 분은 오직 하나님 한 분뿐임을 부인함으로 절대적인 선과 악의 개념은 없고, 상황에 따라 윤리의 가치 기준이 생기며, 자신이 도덕의 기준이 됩니다. 여기에는 도덕주의와 율법주의가 속해 있습니다. 이는 교회 안에도 은밀히 들어와 자신이 옳다고 생각하는 것을 주장하여 선과 악을 나누게 하고, 힘을 형성하여 발휘하면 서로 충돌하게 됨으로 몸을 분리시키게 됩니다.

예수님께서 공생애를 시작하시기 전 사십 일간 금식 기도 후에 사탄에게 시험을 받으셨습니다. 그때 사탄은 세 가지로 예수님을 시험했습니다.

첫째로, "돌들로 떡을 만들라."고 시험했습니다. 네가 하나님의 아들이라면 네게 있는 능력과 믿음을 사용하여 당면한 그리고 당연한 떡 문제를 해결하라는 것입니다. 이는 합리적이고 옳은 일인 것처럼 보입니다. 그러나 예수님께서는 사람이 떡으로만 사는 것이 아니요 하나님으로 말미암아 그의 생명으로 사는 것임을 분명히 하셨습니다. 믿음과 능력을 그렇게 사용하는 것이 아닌 것을 아시고 말씀으로 시험을 물리치셨습니다.

둘째로, "뛰어 내리면 천사가 보호할 것이다."고 시험합니다. 성경에 기록된 말씀으로 메시아임을 증명해 보이도록 유혹합니다. 천하게 태어나 아무런 이름도 없이, 아무도 알아 주지 않는 세상인데 높은 데서 뛰어 내리면 천사가 보호할 것이며 그것으로 예수께서 하나님의 아들임이 증명될 것이라고 유혹하는 것입니다. 그러면 얼마나 수월하고 효과적으로 하나님의 보내신 일을 수행할 수 있겠는가 하면서 시험한 것입니다. 메시아임이 증명되어 추종자들이 생기고 기적을 행한다면 많은 사람들에게 하나님 나라의 첩경을 보여 줄 수 있지 않겠느냐고 시험한 것입니다. 그러나 주님은 하나님을 시험하지 말라고 하셨습니다. 자신이 왜 이 땅에 오셨는지 잘 아셨기 때문에 하나님의 뜻대로 십자가의 어려운 순종하는 길을 가기로 결정하신 것입니다.

셋째로, 사탄은 "내게 경배하라."고 예수님을 시험했습니다. 자신이 경배를 받으려는 것, 결국 사탄의 속셈인 것입니다. 세상을 누리며 세상이 주는 성취감을 얻게 해 주겠다는 것이 그 대가였습니다. 그래서 하나님의 법보다 세상의 법대로 살도록 이끌며, 이것을 세상 사는 지혜라고 착각하게 만듭니다. 그러나 예수님께서는 세상의 가치에 굴복하지 않으셨으며, 오직 하나님께만 순종하심으로 세상 만물을 그 발아래 복종하게 하셨습니다.

2. 생명을 소유와 바꾸도록 함 – 성공주의, 세속주의, 현세주의적 물질주의(바알 신앙)

> "사단이 여호와께 대답하여 가로되 가죽으로 가죽을 바꾸오니 사람이 그 모든 소유물로 자기 생명을 바꾸올지라"
> (욥 2:4)

죄로 말미암은 인본주의는 인간을 물질주의에 물들게 하였고, 소유에 최고의 목표와 가치를 두게 하여 인간의 사고 세계를 생명 중심에서 소유 중심으로 전도시키고 있습니다. 위 말씀에서 나타나듯이 사탄은 인간에게 어려움이 오거나 소유를 없이하면 생명이신 하나님을 떠날 것이라고 제안하나 하나님께서는 생명은 하나님께 있으며 소유의 많고 적음에 있지 않다고 말씀하십니다(눅 12:15).

바알 신앙의 특징은 풍요와 다산이라는 현세적 물질주의 축복에 있습니다. 그래서 하나님을 의존하기보다는 눈에 보이는 물질이 더 믿고 안정할 만한 것이라는 것을 받아들이게 합니다. 예수님께서는 "사람은 떡으로만 사는 것이 아니요 하나님의 입으로 나오는 말씀으로 살리라"고 말씀하셨습니다. 유대인들은 오천 명을 배부르게 먹여서 떡의 문제(먹고사는 문제)를 해결하신 예수님을 왕으로 삼고자 하였습니다. 예수님께서는 먹고사는 문제를 해결하기 위해 오신 것이 아니라 근본 죄와 사망에 매여 죽는 우리를 구하여 하나님의 자녀가 되게 하심으로 그의 말씀으로 말미암아 사는 자가 되게 하기 위해 오셨습니다. 때문에 육체를 위하여 먹고사는 것은 이방인들이 구하는 것이라고 하시고, 아버지께서 자녀에게 마땅히 공급하시는 것이므로 염려하지 말라고 하셨습니다.

교회 안에 교묘히 있는 바알 신앙은 성령 하나님을 현세적 축복을 가져다주는 '전능한 종'으로 간주하게 함으로 축복이 기계적 관계와 행위를 통해서 주어지는 것으로 생각하게 합니다. 종교적 행위를 많이 하면 할수록 현세적 축복이 오는 것으로 오인하게 합니다.

본질적으로 바알 신앙은 무언가 자신이 원하는 것을 받아 내기 위하여 종교적 행위를 하게 합니다. 그러나 하나님과의 관계는 무언가 받아 내고자 하는 것이 아닙니다. 우리는 이미 너무 크고 감격스러운 은혜를 받았기 때문에 자신을 드리는 것입니다. 하나님과 인격적으로 관계하지 않는다면 모든 열심이 모두 치성 행위에 지나지 않습니다.

하나님께서는 우리에게 하나님의 근본 생명을 주어 예수 그리스도와 함께 다스리는 자가 되게 하셨습니다 그러나 어둠의 세상 주관자들은 우리의 생각과 사고 속에 은밀히 숨어서 세상을 누리도록 유혹하고 있습니다. 하나님의 법보다 세상의 법에 이끌려 살며 그것을 세상 사는 지혜라고 생각하게 합니다. 때문에 중보 기도자는 기도함으로 먼저 이 세상 법에 대해서 죽어야 하며, 세상의 가치를 좇아가므로 성취되는 것들에 대해, 또 좇아가고자 하는 모든 의도들을 기쁘게 포기할 수 있어야 합니다. 중보 기도자가 같은 죄에 묶여 있으면 기도의 능력을 나타낼 수 없기 때문입니다.

4 중보적 관점

중보적 관점이라 함은 예수 그리스도의 위치에서 세상을 바라보는 것으로 친히 보장이 되심으로 넘치는 생명으로 새롭게 하신 사람을 보는 시각으로 보는 것을 의미합니다. 우리가 예수 그리스도와 같은 시각으로 중보 대상자를 볼 때에 중보 기도자의 바른 태도를 지니게 됩니다.

1. 구원을 이루어 오십니다

성경의 역사는 예수 그리스도의 역사이며 구원의 역사입니다. 하나님께서는 아담이 죄를 짓게 되자 이를 용서하시고 그 죄 값을 친히 담당하실 것을 나타내십니다. 또한 종되었던 애굽에서 해방되는 큰 구원의 은혜를 입었던 이스라엘 백성이 금방 돌이켜 하나님을 배반하고 우상 숭배를 하고 칼을 대고 피를 흘리는 큰 죄를 지었음에도 그의 긍휼하심으로 용서하시고 나아가 내버려두지 않고 인도하시겠다는 약속을 하십니다. 그리하여 십자가에로까지 인도하심으로 구원을 완성하셨습니다.

"여호와께서 가라사대 내가 친히 가리라 내가 너로 편케 하리라"(출 33:14)

인간의 절망은 생수(생명)의 근원이 되시는 하나님을 버린 것과 스스로 웅덩이를 판 것인데 그것은 물을 저축치 못할 터진 웅덩이인 것입니다. 인간은 하나님 없이 살고자 하여 스스로 운명을 개척하려고 땀 흘리고 애써 보지만 결국은 죽음에 이를 것을 아신 하나님께서는 이를 애통해하시며 오히려 이 상처를 치유하시고자 예루살렘에 입성하시어 하나님 아버지의 사랑을 표현하십니다.

"내 백성이 두 가지 악을 행하였나니 곧 생수의 근원 되는 나를 버린 것과 스스로 웅덩이를 판 것인데 그것은 물을 저축치 못할 터진 웅덩이니라"(렘 2:13)

2. 누구든지 구원에 이르기를 원하십니다

"하나님은 모든 사람이 구원을 받으며 진리를 아는 데 이르기를 원하시느니라"(딤전 2:4)

"주의 약속은 어떤 이의 더디다고 생각하는 것같이 더딘 것이 아니라 오직 너희를 대하여 오래 참으사 아무도 멸망치 않고 다 회개하기에 이르기를 원하시느니라"(벧후 3:9)

우리는 은연중에 구원을 받을 만한 사람과 도저히 구원받을 수 없는 사람을 구분하여 결정지어 놓는 경우가 있습니다. 어떤 특정인이나 착한 사람 혹은 잘못을 뉘우칠 만한 사람에게는 구원받을 만한 자격이 있고, 흉악범이나 우리의 상식을 넘는 죄를 지은 사람은 그렇지 않을 것 같은 생각을 하게 됩니다. 그러나 성경은 이 땅에 태어난 사람은 누구나 '죄 중에 잉태된 사람들'이며 누구를 막론하고 구원이 없는 사람들이라고 말씀합니다. 내가 하나님을 알아 찾아간 것이 아닙니다. 하나님께서 내게 오신 것입니다. 우리가 받은 것은 100% 값없는 완전한 은혜인 것입니다.

무슬림이든 불교인이든 유교도든 무속인이든 정령 숭배자든 살인자든 강도든, 또한 우리도 예수 그리스도께서 오시기 전까지는 동일하게 구원이 없던 사람들이었습니다. 그러나 예수께서는 누구든지 이 길로 오는 자는 구원하신다고 약속하셨고, 차별 없는 사랑과 긍휼로 생명을 주고 계십니다.

그러기 위해 교회가 모든 사람들을 위해 기도하기 시작해야 하는 것입니다. 이제 우리의 시야를 넓혀야 하겠으며 "우리의 지경을 넓혀 주소서!" 하고 기도해야 하는 것입니다.

3. 예수 그리스도의 구원은 완전한 구원입니다

죄의 삯은 사망이며 이 모든 죄의 대가는 예수 그리스도께서 죽으심으로 완전히 해결되었습니다. 예수 그리스도로 말미암아 하나님의 공의는 완전히 만족되셨습니다. 우리가 구원받기 위해 우리의 의로운 행동이나 생각이나 어떠한 노력도 더 이상 필요하지 않습니다.

그러나 사탄은 끊임없이 예수 그리스도의 십자가가 구원에 있어 필요 충분 조건이 아닌 것처럼, 또는 우리의 의가 필요한 것처럼 속이고 참소함으로 무언가 더하든지 감하든지 하여 흠집을 내며 수많은 이단들을 만들어 내고 있습니다. 행위가 덧붙여져야 하는 것처럼, 무언가 죄 값을 치르도록 하는 인과응보적 사상으로, 또는 예수 그리스도에 훌륭한 윤리적 행동 강령을 첨부함으로(몰몬교), 예수 그리스도의 신성을 부인하게 함으로써(여호와의 증인), 예수 그리스도만으로 구원받는 것을 거부하도록 속이고 있습니다.

5 해결되어야 할 선입관과 편견

중보적 관점을 갖기 위해 선입관과 편견을 버리는 일이 중요합니다. 중보 기도자의 태도는 사람이나 나라들에게 주신 하나님의 축복이 무엇인지 보아야 합니다. 바른 중보적 관점을 갖게 되려면 비록 지금은 죄 가운데 있지만 악을 선으로 바꾸시는 주님께서 어떻게 축복하시기 원하시는지를 함께 보아야 합니다. 선입관과 편견이 완전히 해결될 때 하나님의 뜻이 그들 가운데 이루어지도록 하나님께서 넘치는 복을 주시도록 기도할 수 있습니다.

1. 비판하고 판단하는 마음

이러한 마음은 우리의 쓴 뿌리에 의하여 생깁니다. 우리가 받은 상처로 인하여 억울한 마음이 생기고 피해자로 살게 됨으로 희생의 영에 묶이게 됩니다. 그래서 가정에서 또는 교회 안에서조차도 하나님 나라를 위해 애쓰고 희생했으며, 누구를 위해 희생했는데 인정해 주지 않고 알아주지 않는다고 억울해하며 다른 사람들을 비판하는 마음을 품게 됩니다.

그러나 우리는 무슨 일을 하든지 우리의 힘으로 하지 않고 하나님의 공급하시는 힘으로 하며, 우리가 주님을 위하여 희생하는 것이 아니라 우리를 위하여 희생하신 분은 예수님이라는 것을 기억해야 합니다. 우리가 그를 위해 희생한 것이 아니라 그가 우리를 위해 희생하신 것입니다.

2. 문화적 우월감

예수님께서 사셨던 때에도 제자들과 유대인들에게는 아주 깊은 민족적 우월감이 있었습니다. 선민 사상에 물들어 있던 유대인들에게 가나안 인들을 개처럼 취급하는 것은 당연한 문화였습니다. 그래서 두로와 시돈 지방의 가나안 여인이 예수님께 나아와서 자신의 딸을 구해 주시도록 요청했을 때(마 15:21-28) 그 문화에 익숙한 제자들과 유대인들은 예수께서 자녀의 떡을 개에게 주지 않는다고 말씀하신 것을 당연하게 받아들였으나 예수님께서는 "여자야 네 믿음이 크도다. 네 소원대로 되리라."는 문화를 뛰어넘는 사랑의 태도를 드러내십니다.

지금도 여전히 흑인, 백인, 인디언, 원주민, 섬사람 등에 대한 문화적 우월감이 서로에게 있으며 이러한 민족적, 문화적 우월감을 포기하지 않음으로 서방 선교가 주춤하고 있습니다. 우리도 "저 세리와 같지 않음을 감사하나이다." 하며 성전에 올라가 뽐내며 기도했던 바리새인과 같은 상대적 만족감에서 오는 감사를 드리고 있는 부분은 없는지 우리 자신을 점검해 보아야 합니다. 또한 학벌이나 여성성, 남성성 등에 대한 우열이나 차별하는 태도와 관점에 대해 계속적으로 성경적 다림줄을 세워 나가야 하겠습니다.

3. 인과응보의 사상으로 속죄 제물을 찾게 함

인과응보 사상은 세상의 고통과 악에 대해 자신이 행한 대로의 보응을 받기 때문이라는 손쉬운 설명을 취함으로 하나님과의 인격적인 관계와는 판이한 태도를 보입니다. 성경에서 뿌린 만큼 거둔다는 말씀은 구원의 영역이 아닌 상급의 영역에 적용되는 말씀입니다.

욥의 세 친구도 욥을 향해 올 것이 오고야 말았다고 여기고, 죄를 따져 보고자 하는 태도를 지향하였으나 하나님께서는 고난을 통해 연단함으로 인내를 이루신다고 가르치십니다. 인과응보처럼 보이는 고난이 우리를 심판하시고자 함이 아니라 정결함에 이르는 회개를 위하여, 때로는 강건한 군사로 세우시기 위한 연단으로, 사유하시는 하나님께서 사랑하는 자녀를 위한 방편으로 사용하시는 은혜로 기억해야 할 것입니다.

"너희의 우매한 대로 저희에게 갚지 아니하리라"(욥 42:8)

6 결 론

우리는 우리의 이성이나 눈에 보이는 현상을 뛰어넘어 역사하시는 하나님을 인정하고, 지금도 일하고 계시는 하나님을 우리의 삶 속에서 경험해야 합니다. 세상의 모든 철학이나 이념들, 또는 위인들을 통하여 이 땅에 소유의 역사가 진행되어 온 것 같지만 필요에 따라 하나님께서는 그들을 사용하셨으며 당신의 생명의 역사를 주관하고 계십니다.

예수 그리스도는 이 땅에 우리를 위하여 죽으러 오셨으며 십자가에 죽으심으로 영광을 받으셨습니다. 이 영광은 생명의 영광이며, 성경을 통하여 우리에게 계속적으로 계시해 오셨습니다. 그러므로 우리는 십자가에 못 박히시기까지 오직 하나님께만 순종하심으로 우리에게 영원한 생명의 길이 되신 그리스도를 본받아 세상의 유혹에 영향받는 우리의 생각을 사로잡아 그리스도께 복종해야 하는 것입니다.

하나님의 생명의 법은 믿음을 가진 이들을 온전히 이끄셨고, 생명으로 이어지는 당신의 역사를 이루어 오셨으며, 이제 땅끝까지 가게 하십니다. 하나님께서는 열방이 하나님께 돌아와 생명 얻기를 열망하십니다. 예수 그리스도로 말미암은 십자가의 길을 내시고, 누구든지 이곳에 와서 생명을 풍성히 얻으라고 하시며, 또한 예수 그리스도로 말미암은 생명을 낳는 자가 되는 축복을 주고 싶어하십니다. 우리를 이러한 자리에 초청하고 계십니다.

기도 1. 지혜와 계시의 정신을 주사 하나님을 알며 그 부르심의 소망과 기업의 영광의 풍성을 알게 하시기를 간구합시다.

2. 우리의 마음을 비추사 세상의 물질주의와 성공주의에 영향 받고 있는 부분들에 대해 회개하고 우리의 삶에 온전한 하나님의 다스림이 임하시도록 기도합시다.

3. 예수 그리스도의 생명을 누리는 자로서 부르심에 합당한 중보 기도자가 되도록 간구합시다.

■ ■ ■ ■ ■ 오늘의 말씀

"예루살렘이여 내가 너의 성벽 위에 파수꾼을
세우고 그들로 종일 종야에 잠잠치 않게 하였
느니라 너희 여호와로 기억하시게 하는 자들
아 너희는 쉬지 말며 또 여호와께서 예루살렘
을 세워 세상에서 찬송을 받게 하시기까지 그
로 쉬지 못하시게 하라"(사 62:6 - 7)

오늘은 북한에 대해 기도하는 시간을 갖습니다.

발제자가 북한에 대해 조사해 온 정보를 발표하고 팀원
들이 보충하며 서로 나눈 후 인도자의 인도에 따라 기도합
니다.

북한은 우리의 동족으로 우리와 그들은 너무도 다른 환
경에서 살아가고 있습니다. 북한의 주민들은 굶주리고 착
취당하고 있으며 특별히 극소수의 그리스도인들은 믿음을
지키기 위하여 목숨을 걸어야 하는 위경에 처해 있습니다.

풍요와 자유를 누리고 있는 이 땅의 그리스도인들은 한
치 건너 있는 분단된 조국의 현실을 외면하는 죄를 범치 말
고 우리에게 있는 빛과 생명이 그 땅에 흘러가도록 하는 기
도가 필요합니다.

'중보 기도를 위한 지침'을 통해 심령을 준비한 후 '선입견과 편견 내려놓기'를 통해 북한에 대한 선입견과 편견을 내려놓으십시오. 이어 어떻게 기도해야 할지 성령께서 주시는 음성을 듣고 나눈 후 '대화식 기도'로 진행하며 마무리합니다.

▶ **중보 기도를 위한 지침**

▶ **선입견, 편견 내려놓기**

▶ **듣 기**

▶ **나누기**

▶ **대화식 기도**

재 정

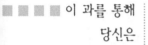이 과를 통해
당신은

1. 가장 현실적인 문제인 재정을 통해 진정한 우리의 주인이 누구인지 확인하게 됩니다.
2. 재정에 대해 성경에 나타난 원칙을 살펴보고 실천함으로 하나께서 기뻐하시는 자녀로서 형통한 삶을 누리게 합니다.

■ ■ ■ ■ ■ 오늘의 말씀

"적은 무리여 무서워 말라 너희 아버지께서 그 나라를 너희에게 주시기를 기뻐하시느니라 너희 소유를 팔아 구제하여 낡아지지 아니하는 주머니를 만들라 곧 하늘에 둔 바 다함이 없는 보물이니 거기는 도적도 가까이 하는 일이 없고 좀도 먹는 일이 없느니라 너희 보물 있는 곳에는 너희 마음도 있으리라"(눅 12:32 - 34)

물질은 우리의 생활에서 가장 현실적인 문제이며, 우리의 믿음을 나타내는 척도가 되기도 합니다. 하나님께서는 물질이 우리의 삶과 얼마나 밀접한 관계가 있는지 알고 계시기 때문에 물질에 관해 많은 언급을 하십니다. 또한 우리에게 맡기신 재물에 대해서도 언젠가는 "네 보던 일을 셈하라"(눅 16:2)는 요구를 하실 것입니다.

하나님께서는 우리가 자유하길 원하시므로 진리로 우리를 자유케 하십니다. 그것은 물질에 대해 자유케 됨도 포함됩니다. 이제 성경에서 가르치시는 재정에 대해 살펴봄으로 하나님의 자녀인 우리가 어떻게 재정을 다루어야 할지 알아야 하겠습니다.

① 믿음과 재정

하나님께서는 우리의 생명과 모든 것의 근본이십니다. 독생자를 주시기까지 사랑하신 분이 자녀에게 필요한 것을 공급하신다고 말씀하십니다. 은혜의 하나님께서는 우리가 주님의 말씀을 믿음으로 취하여 살기를 원하십니다. 왜냐하면 우리는 약속의 자녀들이기 때문입니다. 그래서 때로는 우리가 어디에 기반을 두고 있는지 우리의 믿음을 확인해 보도록 하십니다. 하나님의 약속의 말씀인지, 아니면 눈에 보이는 세상의 속임에 넘어지는지 환경을 통하여 가르치시며 오로지 우리를 은혜의 아버지께 더 가까이 의탁하는 법을 배우게 하십니다.

우리는 돈 때문에 살 수 있습니까, 하나님의 약속의 말씀 때문에 살 수 있습니까? 엘리야가 찾아갔던 사렙다 과부를 보십시오. 그에게는 단지 떡 한 덩이를 해 먹을 수 있는 한 움큼의 가루와 기름만이 남아 있어 마지막으로 음식을 만들어 먹고 죽으려고 했습니다. 그러나 믿음으로 마지막 생명과도 같았던 그 떡을 선지자에게 주고 하나님만을 의지하자 가루와 기름이 떨어지지 않는, 절대적으로 돌보시는 하나님의 은혜를 체험했습니다. 또 엘리야가 광야에 나와 있을 때 시냇물을 마시며 까마귀가 날라 주는 음식을 먹었으나 하나님께서는 그가 시냇물을 의지하여 만족하도록 버려 두지 않으셨음을 우리는 기억하고 있습니다.

우리의 믿음은 삶의 현실적인 부분에서 그 실체가 드러나게 되는 경우가 있는데, 하나님을 전적으로 의지하지 못하게 하는 것은 염려입니다. 성경은 먹고 마실 것을 염려하지 말라고 말씀하십니다. 염려하며 걱정하는 것은 이방인들, 즉 세상 사람들이 하는 것이라고 당신의 자녀들을 구별하십니다. 우리가 돈 문제 때문에 열중하고 걱정하는 것을 보시고(마 6:25-34) 걱정하는 것은 믿음이 적은 것이라고 말씀하십니다.

때로 우리는 하나님 나라나 하나님보다 돈을 중히 여기기도 할 것입니다. 돈에 대해 걱정하는 정도에 따라 우리 마음 중심의 우선 순위가 어디에 있는지 믿음을 점검해 보아야 할 것입니다. 예수님께서 부자 청년을 만나셨을 때 세상의 재물을 포기하면 하늘의 보화가 주어질 것임을 약속하셨지만 그는 자신의 재물을 의지하고 있었기 때문에 근심하며 돌아갔습니다(막 10:21-22). 재물이 없어진다면 그의 삶은 흔들릴 것이기 때문에 주님은 그를 사랑하심으로 구원과 자유를 주고자 하셨습니다. 그래서 "네게 한 가지 부족한 것이 있으니 네 있는 것을 다 팔아 가난한 자들을 주고 나를 좇으라"고 말씀하셨던 것입니다. 이와 같이 우리의 믿음도 어디에 기반이 있는지 점검해 보아야 합니다.

② 형통함과 부요함

형통함이란 우리의 삶의 영역에서 우리의 필요가 넘치도록 채워지는 것을 말하며 부요함이란 돈 이상의 것으로 '부족함이 없음'을 뜻하는 상태입니다. 하나님께서는 우리의 삶에 궁핍함이 없이 형통하며 풍성하도록 놀랍게 축복하기 원하십니다.

"나의 하나님이 그리스도 예수 안에서 영광 가운데 그 풍성한 대로 저희 모든 쓸 것을 채우시리라"(빌 4:19)

1. 우리는 그의 자녀들입니다

놀라운 사랑으로 사랑하시는 아버지는 자녀들에게 예비하신 축복된 삶을 누리도록 하십니다. 그러므로 우리는 물질을 바라보며 따라가는 자들이 아니라 물질을 종으로 부릴 줄 알아야 합니다(마 6:24; 눅 16:13).

2. 후하게 드리기 원하십니다

하나님 아버지의 마음은 누르고 흔들어 넘치도록 주고자 하는 마음입니다. 그래서 자녀 된 우리도 즐겨 드릴 수 있는 부요한 마음을 갖도록 하십니다. 하나님께서는 다른 사람들의 부족함을 채우실 때 사람을 통하여 일하시며 우리에게 '주라'고 하십니다. 받는 것보다 주는 것이 복되다고 가르치시며 우리가 너그럽게 베푸는 축복을 배우길 원하십니다.

"…정함이 없는 재물에 소망을 두지 말며 오직 우리에게 모든 것을 후히 주사 누리게 하시는 하나님께 두며 선한 일을 행하고 선한 사업에 부하고 나눠 주기를 좋아하며 동정하는 자가 되게 하라 이것이 장래에 자기를 위하여 좋은 터를 쌓아 참된 생명을 취하는 것이니라"(딤전 6:17-19)

3. 선교에 참여케 하십니다

하나님께서 우리를 부르심은 생명을 얻게 하시고 더욱 풍성하게 하시기 위함입니다. 이 생명을 나누기 위해 우리는 기도할 뿐만 아니라 재정도 마땅히 나누어야 합니다. 이것은 우리가 드리는 기도에 응답하는 자세입니다. 우리가 재물을 쌓아 둔 곳에 우리의 마음이 있다고 한다면 우리의 보물이 선교에 보내질 때 우리의 마음도 그들과 함께 있을 것이며, 우리를 주 안에서 하나 되게 할 것입니다.

"너희가 모든 일에 부요하여 너그럽게 연보함은 저희로 우리로 말미암아 하나님께 감사하게 하는 것이라"(고후 9:11)

③ 재 물

1. 하나님 나라와 세상(사탄의 나라)의 재정 원칙

하나님의 나라	사탄의 나라(세상)
• 기대하지 않고 주님의 뜻대로 너그럽게 주고받는 원칙 : 청지기로서 재정의 통로가 되는 삶(눅 6:38)	• 경제 원칙대로 이익을 위해 사고 파는 원칙 : 수요 공급의 원칙대로 움직이나 수요는 종종 탐욕, 두려움을 바탕으로 결정된다.

• 심고 거둠	• 투자함
• 배가의 법칙 – 30배, 60배, 100배	• 투자에 의한 이윤(몇 %)
• 작은 것 – 가장 작은 것이라고 말씀한다.	• 큰 것 또는 전부 – 돈의 힘이 가장 큰 것이라는 경제적인 불안감을 갖게 한다. 돈을 가지면 전부를 가진 것이라는 만족감으로 지배하려 한다.

2. 돈의 특성

돈 그 자체는 나쁜 것도 아니며 하나님과 반대되는 것도 아닙니다. 우리는 살아가면서 돈을 사용하며, 하나님께서도 일을 하실 때 돈을 사용하십니다. 일반적으로 세상의 법에 따라 쓰이지만 하나님의 법으로 구속하십니다. 그러나 사람 마음속의 죄로 인해 돈을 사랑할 때는 고통당하게 되고 어려운 일들을 보게 됩니다.

1) 마몬(mammon) 영이 조종하려 들며 돈을 사랑하고 하나님을 사랑하지 못하도록 끊임없이 시도합니다. 돈을 사랑함은 일만 악의 뿌리가 된다고 성경은 경고하고 있습니다(딤전 6:10).

2) 사고 파는 능력에 비례하여 나오는 힘이 있다고 느끼

게 하며 우상화시키려 합니다. 우리의 주인은 한 분 하나님이십니다. 하나님과 사탄을 겸하여 섬길 수 없습니다(마 6:24).

3) 요구보다 항상 적어서 넉넉하고 부요함을 느끼지 못하게 합니다.

3. 재물에 의하여 영향받고 있는 표시들

1) 재정에 대한 불안감, 근심, 걱정 : "하나님 나라는 먹고 마시는 것이 아니요 오직 성령 안에서 의와 평강과 희락이라"(마 6:19-34; 롬 14:17)

2) 충동 구매 : 우리가 채울 수 없을 정도로 필요를 자꾸 만들어 냅니다.

3) 불만족감 : 어떻게 사는지 일체의 비밀을 배움으로 어떠한 상황에서도 만족하고 자족할 수 있습니다(빌 4:11).

4) 인색함 : 나누지 않으며 넉넉한 마음이 없습니다. 아까워합니다.

5) 탐욕, 탐식 : 우리가 갖고 있는 것보다 더 갖고자 합니다.

6) 돈의 중요성을 과장되게 표현함 : 돈이 없으면 아무것도 할 수 없고 심지어 죽을 것 같다든지 때로는 두려움으로 죽기까지 합니다.

4 돈에 대한 우리의 태도

1. 보물처럼 여기지 말고 관리하는 것을 배웁시다(청지기 정신)

하나님께 드리는 합당한 예배는 '우리 몸을 하나님이 기뻐하시는 거룩한 산 제사를 드리는 것'입니다. 왜냐 하면 우리는 우리 자신의 것이 아니고 주님의 것이며 우리 자신뿐 아니라 우리의 전 소유가 주의 것이 되었기 때문입니다. 그러므로 이제부터는 내가 사는 것이 아니고 그리스도께서 우리 안에 사는 것이며 우리의 섬기는 주인이 하나님 한 분이심을 알아야 합니다.

우리의 주인이신 하나님께서는 우리 마음과 가치관이 어디 있는지 그 동기와 태도를 정직하게 점검하도록 하시며 돈에 대하여 내가 소유주가 아니며 하나님께서 맡기신 것에 대한 충성된 청지기로 사는 것이 마땅하다고 가르치십니다. 또한 세상의 재물을 모으는 것에 대하여 경고하십니다.

> "너희가 만일 불의한 재물에 충성치 아니하면 누가 참된 것으로 너희에게 맡기겠느냐"(눅 16:11)

우리는 무엇에 가치를 두고 사는지 정직하게 내 안에 있는 요구에 대하여 살펴보아야 합니다. 그래서 재물을 구할 때 왜 이 재물을 구하고 있는지 구체적으로 그 동기를 정직하게 파악하고 막연한 욕심이 있었다면 욕심에서 구원하시도록 회개하여야 합니다.

사탄은 우리가 하나님(말씀)을 신뢰하지 못하게 하고 돈의 힘으로 무엇을 할 수 있는 듯이 우리를 속임으로 조종하려 합니다. 사고 파는 능력을 우리 눈에 보이게 함으로 탐심을 일으키며 그래서 눈에 보이는 대로 돈을 사랑하며 중요시하고 신성시하여 재물을 숭배하게 합니다. 주인의 자리를 차지하고 미신을 섬기는 우상 숭배하는 죄를 범하게 합니다. 그러나 하나님께서는 우리를 자녀로 택하시고 주님을 따르는 제자로 부르시는 그 자리에 있게 하시기 위해 소유에 우리가 묶이지 않도록 요청하십니다.

> "너희 중에 누구든지 자기의 모든 소유를 버리지 아니하면 능히 내 제자가 되지 못하리라"(눅 14:33)

하나님께서는 우리를 우리의 힘으로가 아닌 '내게 능력 주시는 자 안에서 모든 것을 할 수 있는 자들'로 부르셨고, 부자로 사는 자가 아니라 부요하고 형통한 자로 사는 자리에 초청하신 것입니다.

예수님의 제자 중 마태는 세리였으며 그 당시 세리는 부자인 사람이었을 것인데 예수님을 따르기 위하여 그는 단지 소유물을 버린 것뿐만 아니라 수익이 좋은 직장도 포기했던 것입니다. 이처럼 수익 좋은 직장을 따라 우리의 삶의 자리를 옮기는 것이 아니라 주님의 부르심에 따라 직장도 옮길 수 있다는 자세가 중요합니다. 그는 부자로 살기보다는 부요하며 형통한 자의 삶을 선택하였던 것입니다. 돈은 사랑하고 섬기는 대상이 아니며 사랑할 분, 섬겨야 할 분은 오직 한 분 하나님이십니다. 우리가 재물이 주님께서 주신 선물인 줄 알고 청지기로 살 때, 주인의 뜻을 살피며 성령의 도우심을 구하게 되며 자신을 위해 보관하지 않으며 언제든지 사랑으로 남들과 나눌 수 있게 됩니다.

2. 단순하게 사는 훈련이 필요합니다

주님은 단정한 마음과 검소와 절제를 권장하시며 사람을 즐겁게 하는 물건으로 인해 우리의 마음이 흐려지는 것을 배격하십니다. 예수님께서는 이 땅에서 머리 둘 곳도 없으셨고 옷 한 벌이 재산의 전부였습니다. 사역을 위하여 또는 먹을 것을 위하여 예수님이나 제자들이 사업을 하지도 않으셨고, 가룟 유다가 맡고 있던 돈궤에는 돈이 있었을 것입니다. 주님께서 이 땅에 사시는 동안 섬기는 여인들을 통하여 공급받으셨고, 돈이 있었음에도 마몬(mammon) 영이 전혀 영향을 미치지 못했습니다. 그 돈은 '주라'는 말씀대로 구제를 위해 푸셨습니다.

미국의 사업가 Stanley Pam은 자신이 경영하던 회사의 소유권을 모두 주님께 넘겨 드리고, 자신은 일한 만큼의 월급을 받으며 철저하게 하나님의 청지기로서 사용하시는 통로의 역할을 감당하며 진리 안에서 자유한 삶을 누리고 있는 것으로 유명합니다.

그리스도인들이 가난하게 사는 것이 하나님의 뜻이라고 할 수는 없습니다. 다만 막대한 부를 맡기셨더라도 이 부를 다루며 단순하게 사는 훈련이 필요한 것입니다.

> "내가 비천에 처할 줄도 알고 풍부에 처할 줄도 알아 모든 일에 배부르며 배고픔과 풍부와 궁핍에도 일체의 비결을 배웠노라 내게 능력 주시는 자 안에서 내가 모든 것을 할 수 있느니라"(빌 4:12-13)

5 하늘에 쌓는 보화

우리는 하늘의 소망을 가지고 사는 자들입니다. 이 땅에서의 생명을 영원히 누릴 수 있을 것 같은 꿈에서 깨어나 진정으로 영원히 살 곳을 위해 준비하는 것이 지혜로운 일일 것입니다. 그래서 주님께서는 이곳에 있던 보화를 영원한 하늘나라에 옮길 수 있는 방법을 가르쳐 주셨습니다.

1. 십일조 : 여호와께 드리는 성물

우리가 하나님께 감사하는 마음과 사랑을 표현하는 데 있어서 우리로 얻게 하신 것으로 하나님께서 받으신다는 것은 참으로 놀라운 일입니다. 하나님께 드리는 가장 기본적인 방법으로 우리 수입의 1/10을 드리는 것입니다. 이것은 율법 이전부터 시작되었고(창 14:20) 소홀히 여기지 말고 드리라고 예수님께서도 가르치십니다(마 23:23).

십일조는 우리에게 있는 모든 것이 완전히 하나님의 것임을 되새겨 주시는 것이며 오히려 십일조를 드리는 기본은 도둑보다 조금 나은 사람이 될 뿐입니다(말 3:8-9; 레 27:30-32).

성경에 기록된 최초의 십일조는 아브라함이 평화의 왕인 멜기세덱에게 드린 것입니다. 아브라함이 전쟁을 마친 후 돌아올 때에 세상에 속한 소돔 왕이 아브라함을 맞으러 나왔으나 아브라함은 소돔 왕이 제안한 세상의 부를 거절하였으며 제사장인 살렘 왕 멜기세덱에게 십일조를 드림으로 지극히 높으신 주재 하나님께 경배합니다(창 14:17-24).

성경에서 말씀하시는 십일조를 드릴 때 우리의 태도에 대해 살펴봅시다(신 26:1-19).

1) 감사함으로 드립니다

약속의 땅에 들어온 것, 우리가 주님의 은혜로 인해 생명을 얻은 것에 대해 깊은 감사함과 우리를 사랑하시는 그 사랑하심이 어떠한 줄 알기 때문에 넘치는 감사로 드릴 수 있습니다.

2) 기억함으로 드립니다

모든 것이 주께로부터 왔음을 기억하며 우리의 삶을 인도하심과 은혜 베푸심을 기억함으로 드립니다.

3) 즐거워함으로 드립니다

하나님의 사랑에 대한 인식이 없으면 결코 즐겨 내는 자가 될 수 없습니다. 우리는 헌금하려고 애쓰는 것이 아니라 하나님께 대한 우리의 사랑을 회복시키고 그것을 최대로 표현해야 합니다. 또한 우리가 이것을 드릴 수 있는 힘이 있게 하시고 일하여 얻은 모든 것이 주께로부터 왔음을 알고 기뻐하며 드릴 수 있습니다.

"나와 나의 백성이 무엇이관데 이처럼 즐거운 마음으로 드릴 힘이 있었나이까 모든 것이 주께로 말미암았사오니 우리가 주의 손에서 받은 것으로 주께 드렸을 뿐이니이다" (대상 29:14)

4) 순종함으로 드립니다

우리가 하나님께 순종하는 것은 하나님의 비위를 맞추거나 하나님으로부터 어떠한 보상을 얻어내기 위함이 아니며 하나님을 너무 사랑하기 때문인 것입니다. 또한 하나님께 드리든지, 하나님께서 주라는 곳에 주든지, 무엇을 하라 하시든지 주님의 말씀에 귀 기울이며 순종해야 합니다. 자신이 할 수 없는 것을 하나님께서 할 수 있도록 하신다는 믿음이 바탕이 될 때 순종함으로 드릴 수 있습니다.

"사무엘이 가로되 여호와께서 번제와 다른 제사를 그 목소리 순종하는 것을 좋아하심같이 좋아하시겠나이까 순종이 제사보다 낫고 듣는 것이 수양의 기름보다 나으니"(삼상 15:22)

5) 심령을 돌아보게 합니다

십일조는 어떻게 우리가 하나님을 사랑하면서 순종하는지, 믿음의 기반이 어디에 있는지, 우리의 마음의 중심이 어디에 있는지 살필 수 있는 시금석이 됩니다. 우리가 이러한 자신을 점검한 후에 성령의 도우심으로 회개해야 할 것들을 회개하며 무너진 부분은 세워 나가는 삶을 살아야겠습니다.

2. 심고 거둠

자연의 법칙에도 심을 때와 거둘 때가 있듯이, 하나님의 나라에도 심을 때와 거둘 때가 있습니다. 자연적, 영적 영역에서뿐만 아니라 재정의 영역에서도 동일합니다. 우리가 심을 때에는 얻을 열매를 기대하며 씨를 심고 열매를 거두기까지 수고하며, 하나님께서는 자라게 하십니다.

1) 심는 자(기대함, 소망, 믿음)

하나님의 뜻에 합당한 목적을 가지고 선한 결과를 기대하며 씨앗의 역할을 할 수 있는 재정을 심습니다. 열매를 수확하게 해 주실 것에 대해 믿음과 소망을 가지고 기도함으로 씨를 심습니다. 이것은 거저 주는 것과는 다르며 그 사역에 함께 동참하는 것입니다. 많이 심는 자는 많이 거둡니다(고후 9:6).

2) 경작하는 자(영적 전쟁)

씨앗이 잘 자라도록 기도로 동역하며 이때 영적 전쟁을 수반합니다(막 4:26-28).

3) 추수하는 자

심었던 대로 재정으로 열매를 거둘 수도 있고 영적인 열매로도 거둘 수 있습니다. 하나님 나라에서는 30배, 60배,

100배의 수확을 기대합니다.

3. 후하게 줌(너그러운 연보)

우리가 보물을 하늘에 쌓는 확실한 방법 중에는 가난한 사람을 돕는 것이 있습니다. 우리가 사랑의 의무를 행하여 형제에게 주는 것은 하늘에 저축이 되며 이것에는 '배가의 법칙' 대로 주님께서 후하게 갚아 주십니다. 가난한 자에게 주는 것을 주님께서는 모두 주께 꾸어 드린 것으로 간주하십니다.

"가난한 자를 불쌍히 여기는 것은 여호와께 꾸이는 것이라"(잠 19:17)

"…너희가 여기 내 형제 중에 지극히 작은 자 하나에게 한 것이 곧 내게 한 것이니라"(마 25:40)

마게도니아 교회는 심한 환난을 겪으면서도 기쁨이 넘쳤으며, 극심한 가난에 시달리면서도 힘에 지나지만 자원하는 헌금을 드렸습니다. 바울은 이들을 부요하다고 했으며 하나님께 감사하게 하는 일이 되었습니다.

믿음으로 베푸는 일은 언제나 하나님께서 보상해 주십니다. 하늘의 하나님께서는 별로 돌아볼 가치도 없는 우리의 나눔을 하나도 무가치하게 하지 않으시고 오히려 받으실 만한 향기로운 제물로 기쁘게 받으신다는 놀라운 말씀을 하십니다(빌 4:18). 하나님께서는 우리의 소망이 영원한 곳에 있음을 상기시키시며 그 나라를 주시기를 기뻐하시는 것입니다. 하나님께서는 지극히 아낌없는 너그러운 행위로 독생자를 정말로 주셨을 뿐 아니라 우리들 한 사람 한 사람에게 지금도 끊임없이 주고 계십니다. 우리는 다른 사람에게 줌으로써 하나님께 우리의 사랑을 다시 드리는 것입니다.

> "적은 무리여 무서워 말라 너희 아버지께서 그 나라를 너희에게 주시기를 기뻐하시느니라 너희 소유를 팔아 구제하여 낡아지지 아니하는 주머니를 만들라 곧 하늘에 둔 바 다함이 없는 보물이니"(눅 12:32-33)

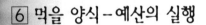

6 먹을 양식 - 예산의 실행

1. 예산 짜기

우리에게 주신 예산을 지혜롭게 관리하고 순종하는 청지기가 되기 위해 부부가 함께 기도하면서 의논을 해야 합니다. 집안의 일은 재정까지도 아내가 모두 혼자 관리하도록 미뤄두는 것은 바람직하지 않습니다. 수입과 지출을 정확히 파악하고 모든 빚은 먼저 갚도록 계획을 세웁니다.

2. 열린 원과 닫힌 원

수입의 변동에 따라 씀씀이를 늘려 가는 것을 지출의 열린 원이라 하며, 정해진 규모 안에서 자신의 의무(obligation), 필요(need), 요망(want)을 정하고, 씀씀이를 늘리지 않는 것을 지출의 닫힌 원이라 합니다. 지출은 수입보다 클 수 없습니다. 수입이 많아진다 해도 지출의 규모를 늘려 갈 것이 아니라 하늘의 곳간에 쌓아야 합니다. 그렇게 하여 형통케 되어 서로에게 흘러갈 것이 더욱 많아지게 되므로 서로 궁핍함이 없어지게 됩니다.

3. 물건을 보물처럼 여기는 태도를 버립니다

소유자의 사고방식에서 관리자의 사고방식으로 바꾸어 나눔을 생활화해 봅시다. 내가 쓸 만한 것 또는 언젠가 쓸 것이라고 쌓아 둔 것들을 찾아보고 주님께 여쭙고 '주라'는 말씀을 들을 수 있도록 마음을 열어 놓도록 합시다.

4. 하나님의 나라를 바라보며 주신 복을 누립니다

이 세상에서 경제활동을 하며 살지만 재정을 올바르게

다스리기 위해 믿음으로 싸우며, 돈이 하나님의 영광을 위해 쓰이도록 주변의 궁핍한 자를 돌아보며 하나님 나라의 재정 원칙을 적용하기 위해 힘써야 합니다. 지금 있는 것에 대해 넘치는 감사로 하나님께서 이미 베푸신 크신 복을 누리는 경험을 하여야 합니다. 우리 주변에 있는 사람들, 이미 가지고 있는 것들을 짚어 가며 감사를 드리고, 하나님을 찬양하고, 다툼이 없는 용서하는 삶을 삽니다.

5. 하나님과의 바른 관계를 세웁니다

언제든지 말씀에 순종할 자세를 가지고 우리 스스로 인생을 준비하고 우리를 보호하려 했던 것들을 회개하고 우리를 세워 주시도록 구해야 합니다.

우리에게 빚을 진자들에 대해서도 그가 갚을 능력이 없다면 '주라'고 말씀하시는지 듣고 다툼이 없이 용서하는 삶을 살아야 하겠습니다.

"너희가 범사에 순종하는지 그 증거를 알고자 하여 내가 이것을 저희에게 썼노라 너희가 무슨 일이든지 뉘게 용서하면 나도 그리하고 내가 만일 용서 한 일이 있으면 용서한 그것은 너희를 위하여 그리스도 앞에서 한 것이니 이는 우리로 사단에게 속지 않게 하려 함이라 우리가 그 궤계를 알지 못하는 바가 아니로라"(고후 2:9-11)

우리의 중심에 그리스도가 세워져 있다면 우리는 돈에 대한 마몬(mammon)의 어떠한 영향력도 받지 않을 것입니다. 재물이 하나님의 종으로 사용되도록, 하나님 나라의 확장을 위해 사용되도록, 또한 돈이 우리를 파괴하지 않도록 하나님께 지혜를 구하여야 합니다. 오직 그리스도 안에서 평안하며 진리로 자유한 자가 되어, 성령이 자유함으로 운행하실 수 있는 통로가 되어야 하겠습니다.

기도 1. 자신의 재정을 관리함에 있어서 청지기의 삶을 살지 않았던 것과 인색함으로 염려함으로 재물을 하나님처럼 여겼던 것을 회개합시다.

2. 재정을 사용함에 있어 바로 세워지지 않은 부분이 바로 세워지게 하셔서 주님을 사랑함으로 순종할 수 있도록 간구합시다.

■ ■ ■ ■ ■ **오늘의 말씀**　"땅의 모든 끝이 여호와를 기억하고 돌아오며 열방의 모든 족속이 주의 앞에 경배하리니 나라는 여호와의 것이요 여호와는 열방의 주재 심이로다"(시 22:27 - 28)

　　오늘은 열방을 위하여 기도하는 시간을 갖습니다. 팀원들은 기도할 나라를 정하여 미리 그 나라에 대한 정보를 각자 조사합니다.

　　발제자의 발표로 조사해 온 정보를 나누고 팀원들이 보충한 후 인도자의 인도에 따라 기도 합니다.

　　이번에는 그 동안 배워 온 기도의 방법에서 더 나아가 전략적으로 기도할 수 있는 전략 기도 원칙을 적용하여 기도해 봅시다.

▶ 전략 기도 원칙

　1. 정보 수집과 나눔(하나님의 약속을 믿은 갈렙과 여호수아의 시각에서)

2. 중보 기도 원칙

  1) 감사함으로 하나님 앞에 나아갑시다.

  2) 주님 앞에서 잠잠히 자신을 돌아보고 감추어진 죄
     를 고백합시다.

  3) 성령의 도우심 없이는 기도할 수 없음을 고백하고
     성령님의 임재를 구합시다.

  4) 여러 가지 생각으로 우리의 기도를 방해하며 하나
     님의 음성을 듣는 것에 대해 부담을 주는 악한 영을
     예수 그리스도의 이름으로 대적합시다.

  5) 우리의 기도 가운데 함께 계신 주님을 찬양하며 믿
     음을 드립시다.

3. 중보자로서의 올바른 태도를 점검합시다.

  1) 예수님께서 십자가에서 이루신 구원은 완전한 구원
     입니다. 주님께서 우리와 중보 기도 대상의 모든 죄
     를 인하여 십자가 보혈을 흘리시고 구원하셨음을 선
     포합시다.

  2) 중보 기도 대상의 역사를 주관하시는 분은 하나님
     이심을 선포합시다.

  3) 중보 기도 대상에 대한 민족, 종교, 역사, 문화에 대
     하여 선입관 또는 반감이나 편견이 있는지 듣고 나
     눕시다.

     또한 중보 기도 대상을 향한 하나님의 사랑과 긍휼

을 회복하기 위해 자신의 편견을 그리스도의 보혈 앞으로 가지고 나아가 회개하며 기도합시다.

4) 중보 기도 대상에 대한 하나님의 사랑과 긍휼이 우리 안에 있음을 선포합시다.

4. 중보 기도 대상을 위한 실제적인 기도로 들어갑시다.

1) 중보 기도 대상을 향해 하나님이 계획하신 축복은 무엇인지 묻고 또 그것이 이루어지지 못하도록 묶고 있는 사단의 견고한 진이 무엇인지 듣고 나누며 기도합시다(견고한 진이란 그것이 하나님의 뜻에 반대되더라도 도저히 변화될 가망이 없는 것으로 용납하게 된 고정 관념으로 이해할 수 있습니다).

2) 기도합시다. 기도는 회개, 찬양, 말씀 선포, 묶고 풀기, 중보 행위가 이루어지는 영적 전쟁입니다.

5. 실제 영역들을 변화시키시기 위해서 필요한 구체적인 전략을 듣고, 나누고, 기도합시다.

6. 마치는 기도를 드립니다. 우리의 모든 기도를 들으시고 응답하실 주님을 찬양하며 예수님 이름으로 기도합니다.

연합과 일치-예수 그리스도의 몸된 교회

■ ■ ■ ■ 이 과를 통해
　　　　　　당신은

1. 참된 부흥의 원동력은 거룩하게 변화된 개인과 공동체의 연합과 일치에 있음을 배울 수 있습니다.

2. 자기 자신을 연합과 일치의 통로로써 온전히 하나님께 내어 드림으로 하나님 나라가 부흥하는 것을 각자 비전으로 품고 기도할 수 있습니다.

■ ■ ■ ■ 오늘의 말씀

"형제가 연합하여 동거함이 어찌 그리 선하고 아름다운고 머리에 있는 보배로운 기름이 수염 곧 아론의 수염에 흘러서 그 옷깃까지 내림 같고 헐몬의 이슬이 시온의 산들에 내림 같도다 거기서 여호와께서 복을 명하셨나니 곧 영생이로다"(시 133:1-3)

① 무엇을 위한 영적 성장인가

우리는 지금까지 여러 강의로 도전 받을 기회를 가졌으며 기도 훈련을 하였습니다. 한 개인이 성경 공부와 말씀 묵상, 기도의 생활화 등을 통해 영적으로 성장해 간다는 것은 중요하고도 의미 있는 일입니다. 또한 영적으로 성장한 사람들에게는 은사에 따라 사역이 주어지므로 지도자의 길을 걷게 됩니다.

이제 우리들은 앞으로 끊임없이 가져야 할 경건의 시간들이 단지 개인적인 영적 필요를 공급받는 데 머물지 않도록 신앙의 총체적 목표를 바르게 해야 합니다. 영적 성장을 위한 노력들은 매우 중요하지만 그것이 개인적인 영적 성숙 자체에 목표를 둘 때에는 온전한 신앙이 되지 못하고 오히려 영적 교만의 오류를 범할 수 있습니다. 자신이 어떻게 되는 것에만 영적 성장의 목표를 두고 있다면 이는 사실 성경에서 말하는 올바른 성숙과는 거리가 먼 것입니다. 영적으로 성숙한다는 것, 즉 예수님의 장성한 분량에 이른다는 것은 무엇이 되어 가는 것이 아니라 자신이 온전히 죽어 가는 과정이어야 하기 때문입니다. 그리스도가 살아 역사하시는 때는 우리가 하나님을 위하여 무엇인가를 하려고 할 때가 아니라 예수 안에서 자신이 온전히 죽을 때입니다.

그렇게 되기 위하여 모든 경건 훈련과 경건의 시간들은

언제나 개인적인 영적 성숙을 넘어서 하나님 나라 전체의 부흥, 즉 땅끝까지의 부흥으로 시야를 넓힐 수 있도록 올바른 목표를 가지고 있어야 합니다. 우리의 중보 기도도 궁극적으로는 하나님 나라의 부흥에 그 목표가 있습니다. 성숙한 그리스도인이 되려고 하는, 그리고 성숙한 공동체(교회)를 이루어 가려고 하는 우리 모두의 목표는 자신이나 속한 공동체의 발전이 아닌 전체 하나님 나라의 부흥을 소원하는 것에 맞추어져 있어야 합니다. 개인적인 영적 성장에 목표를 두고 있을 때는 자기 중심적인 신앙에서 벗어나기 힘들지만 하나님 나라의 부흥을 자신의 목표로 삼을 때는 기꺼이 그리스도의 몸이 부흥하도록 자신을 내어 드려서 주 안에서 연합하게 되며, 결과적으로 영적 성숙도 경험하게 됩니다.

② 참된 부흥 – 부흥(revival)의 의미

그러면 부흥의 진정한 의미는 무엇일까요?

우리가 말하는 부흥은 하나님 나라의 부흥이며, 그 사전적 동의어는 '재건'으로서 영적 갱신, 영적 각성의 차원으로 이해할 수 있습니다. 즉, 부흥이란 하나님의 백성이 다시 살아나는 것을 의미합니다. 또한 부흥은 먼저 믿는 자들이 하나님에 대해 새롭게 인식하고 하나님이 누구이신가 새롭게 계시 받아 하나님에 대한 새로운 감수성이 일어나는 것이며, 나아가서 하나님의 거룩하시고 의로우신 요구에 대해서 민감하게 대처하게 되는 것을 말합니다.

참된 부흥은 하나님의 관점으로 죄를 볼 수 있게 되어 깊은 회개를 불러일으키고 성령으로 충만케 되며 하나 되게 하는 성령의 역사입니다. 많은 사람이 모여 있어도 그곳에서 자신의 영적 상태에 대한 깊은 각성과 회심이 일어나지 않는다면 참된 부흥이라 할 수 없습니다. 그리고 그런 부흥은 사회가 정화되는 데 아무런 영향을 미치지 못합니다.

조이 도우슨은 『스릴 있고 성취감 넘치는 중보 기도』에서 역사적으로 참된 부흥이 일어났을 때는 그리스도인들이 다시 살아날 뿐 아니라 그 영향력으로 믿지 않는 세계로까지 놀라운 파급 효과가 번지며 큰 영적 각성이 일어나 그 동안 완강히 복음을 거부하던 수많은 죄인들이 그들의 죄를 깊이 회개하고 그리스도께 삶을 위탁하게 되었다고 기록하고 있습니다. 또한 이러한 영적 현상의 결과로 인해 지역 사회 전체가 피할 수 없는 영향을 받게 되어 사회 개혁이 뒤따르는 결과를 가져왔던 것입니다.

우리가 부흥을 소망한다고 할 때는 자기 자신의 부흥으로부터 세상 끝까지의 부흥을 다 포함하고 있어야 합니다. 또한 우리에게 부흥이 일어나고 있다면 그 영향력이 믿지 않는 세계에까지 미치고 있어야 하며 우리의 사회가 회복되는 일이 일어나기까지 부흥해야 합니다.

③ 부흥의 원동력 – 연합과 일치

하나님께서 원하시는 이러한 부흥을 위해서는 우선 거룩하게 변화됨으로 성령 충만을 받은 개인들이 있어야 하지만 그들이 주 안에서 연합하고 일치하게 될 때 하나님 나라가 확장되어 가는 놀라운 성령의 역사, 곧 부흥이 일어나게 됩니다.

참된 부흥이 일어나기 위해서는 첫째, 개인들이 거룩하게 변화되어야 하며, 둘째, 거룩한 개인들이 연합된 정결한 교회가 준비되어야 하고, 셋째, 거룩하게 인침 받은 교회와 교회들이 연합할 수 있어야 합니다. 보다 넓은 영역에서의 부흥을 소망할수록 보다 넓은 의미의 연합이 요구됩니다. 그러므로 한 공동체의 부흥을 위하여서는 개인들의 연합이, 지역적이고 전 사회적인 대부흥을 위하여서는 교회들의 연합이 필수적이라 할 수 있습니다. 연합된 몸만이 하나님의 거하실 처소가 되시기 때문입니다.

1. 개인의 벽을 넘어서는 연합은 공동체의 부흥을 가져옵니다

그리스도의 몸이 하나요, 성령도 하나이시므로 성령의 운행하심은 항상 주의 자녀들을 하나 되게 하는 방향으로 움직이게 마련입니다. 그러나 자기가 자신의 주인이 되어 주장할 때 이러한 성령의 인도하심을 받지 못하고 자기 중심적이 되어 연합하는 것과 멀어지게 됩니다. 성화되려고 노력하는 그리스도인일지라도 온전히 거듭나 전체적인 하나님 나라의 부흥에까지 비전이 넓혀져 있지 않으면 늘 비교 의식과 비판 의식, 개인주의, 이생의 자랑, 교만함으로 길들여진 생각들이 그리스도의 몸이 하나 되는 것을 방해할 수 있습니다. 하나님의 일을 할 때에도 자신을 드러내려고 한다면 서로 진정으로 사랑하고 나보다 남을 낮게 여기므로 섬기는 데 걸림돌이 됩니다.

그러므로 내가 무엇을 하는가를 중요시 여기던 마음에서 벗어나 내가 있는 곳에서 하나님의 뜻이 이루어지고 있는가에 나의 초점이 맞추어져야 합니다. 공동체의 구성원들이 이렇게 준비될 때 그 공동체나 교회는 연합된 주의 몸이 되어 성령의 인도하심을 따라 부흥의 통로로 사용될 수 있습니다.

2. 개 교회의 벽을 넘어서는 연합은 전 사회적인 부흥을 이끕니다

마찬가지로, 한 공동체(교회)가 부흥하고 있더라도 그것이 전 사회적인 부흥으로 연결되지 못하고 있다면 우리는 우리의 벽을 허무는 작업을 멈출 수 없습니다. 한 교회에 능력 있는 말씀 선포와 열정적인 기도가 있다 할지라도 개 교회가 부흥하는 일 이상으로 그 영향력이 넘쳐흘러 세상을 변하게 하는 일이 드물었던 것은 개 교회의 벽을 허무는 것이 이 시대의 우리에게 어려운 일이 되었기 때문입니다.

한 교회가 부흥하기 위해서 전 교회적인 하나 됨이 필요하듯이 한 도시가, 지역 전체가 부흥하기 위해서는 그 지역의 교회들 간에 진정한 연합이 필요합니다. 각자의 벽을 허물어, 성령께 온전히 자신과 교회를 내어 드리고 한 지역 안에서 교회와 교회가 성경적인 수준의 연합을 이루어 낼 수 있다면 성령께서 급하고 강한 바람같이 임하실 통로가 될 것입니다. 한 지역에서 교회들이 연합할 수 있게 되어 그 지역이 거룩하게 변화되는 일이 일어난다면 다른 지역에도 영향을 미칠 수 있으며 그로 인해 많은 도시들이 하나님께로 돌아오게 될 것입니다.

이 시대의 미래는 하나님의 교회에 달려 있다고 해도 과언이 아닙니다. 우리는 성령이 교회에게 하시는 말씀을 기억하여 기꺼이 주님이 사용하시는 몸이 되도록 교회를 주님께 온전히 내어 드릴 수 있어야 하겠습니다. 또한 교회와 교회가 서로의 벽을 허물기 위해 노력하며 연합하고 일치하도록 하시는 그 온전하신 뜻을 이루기까지 순종해야 하겠습니다.

4 연합과 일치에 대하여

1. 연합은 타협이나 통합과는 명확히 다릅니다

성경적인 의미의 연합은 뉴에이지가 인류의 평화로운 공존이라는 미명 아래 추구하는 종교간의 통합이나 획일화된 교회 통합체와는 명확히 구분되어야 합니다. 종교간의 통합은 그들이 믿는 서로 다른 대상에 대하여 용납하는 일종의 타협이며, 그럴듯한 하나 됨을 위하여 절대적인 믿음과 진리를 훼손하는 것입니다.

또한 연합은 개체간의 내용이 합쳐져서 하나로 뒤섞이는 합일, 혼합과도 다릅니다. 진정한 연합은 진리에 대하여 어떠한 타협이나 모조품도 허용치 않으며 예수 안에서 각기 다른 지체의 분량을 인정하고 받아들여 서로의 독특함과 존귀함이 살아나도록 축복하고 협력하는 연합입니다.

> "그에게서 온 몸이 각 마디를 통하여 도움을 입음으로
> 연락하고 상합하여 각 지체의 분량대로 역사하여 그 몸을
> 자라게 하며 사랑 안에서 스스로 세우느니라"(엡 4:16)

성경에서 제시하는 하나 됨, 연합은 개체로서의 건물들이 아름답게 조화를 이루는 것과 같이 주 안에서 서로 연결

되어 함께 지어져 가는 연합을 말합니다.

> "너희는 사도들과 선지자들의 터 위에 세우심을 입은 자
> 라 그리스도 예수께서 친히 모퉁이 돌이 되셨느니라 그의
> 안에서 건물마다 서로 연결하여 주 안에서 성전이 되어 가
> 고 너희도 성령 안에서 하나님의 거하실 처소가 되기 위하
> 여 **예수 안에서 함께 지어져 가느니라**"(엡 2:20-22)

2. 일 치

연합이 겉으로 드러난 결과라면 일치는 내재되어 있는
동기의 문제입니다. 즉, 각자 내면의 동기들이 일치되어 있
을 때 진정한 연합을 이룰 수 있습니다. 각자의 동기가 일
치하기 위해서는 사심 없이 순수해야 하는데 자신의 본성으
로부터 출발한 동기는 순수하기 어렵습니다. 자신들의 이
익을 위해서 한시적으로 일치된 동기로 모이는 집단이 있을
수 있으나 그 경우 이익을 떠나서는 더 이상 일치된 동기를
가질 수 없으므로 진정한 연합이라 할 수는 없습니다.

예수 그리스도의 사랑은 우리의 내재된 동기들을 순수하
게 하실 수 있습니다. 예수님이 우리의 동기가 되실 때 그
의 사랑은 끊임없이 불순한 동기를 걸러 주시고 우리를 정
결케 하여 주십니다. 예수 그리스도 만이 우리로 하여금 진
정으로 일치된 동기를 갖게 하실 수 있습니다.

3. 연합과 일치의 모범

온전한 연합과 일치의 개념은 삼위일체 하나님으로부터 배울 수 있습니다. 성부, 성자, 성령 하나님은 말 그대로 세 분이 서로 다른 위치와 직임을 가지셨으나 온전히 일체된 관계로 존재하는 것을 의미합니다. 하나님의 이 연합의 관계는 창세 전부터 지금까지 변함없이 지속되고 계십니다. 예수님께서는 창세 전에 하나님과 함께 계셨다고 고백하셨으며(요 17:5), 천지창조 때에도 삼위일체 하나님은 함께 계셨습니다.

- 명령하시는 주권자 – 아버지 하나님
- 창조하신 말씀 – 예수 그리스도
- 수면 위에 운행하심 – 성령님(하나님의 신)

또한 하나님의 삼위일체 되심은 서로가 서로 안에 거하며, 서로 완전하게 신뢰하고, 서로의 위치를 존중하며, 주권자 하나님께 순종하는 신비한 연합의 관계입니다.

"나는 아버지 안에 있고 아버지는 내 안에 계신 것을 네가 믿지 아니하느냐 내가 너희에게 이르는 말이 스스로 하는 것이 아니라 아버지께서 내 안에 계셔 그의 일을 하시는 것이라"(요 14:10)

우리가 예수 그리스도를 영접하여 모셔들일 때에 그리스도는 우리를 삼위일체 하나님의 온전한 관계 속으로 초청하십니다. 예수 그리스도를 믿는다는 것은 우리의 죄를 십자가에서 해결하시고 구원하셨다는 사실을 인식하고 그분께 감사하는 정도의 관계를 맺는다는 것이 아닙니다. 그것은 전 인격적으로 그분을 주인으로 받아들인다는 것이며, 주님이 내 안에 거하시고, 내가 주 안에 거하는 관계 속으로 들어가는 것을 의미합니다. 즉, 참 포도나무이신 주님께 접붙임으로 설명되는 예수님과의 온전한 연합을 뜻합니다.

"내 안에 거하라 나도 너희 안에 거하리라 가지가 포도나무에 붙어 있지 아니하면 절로 과실을 맺을 수 없음같이 너희도 내 안에 있지 아니하면 그러하리라"(요 15:4)

예수님께서는 믿는 자들에게 예수님과 하나 될 것을 강조하셨으며, 그렇게 하심으로 아버지 하나님과의 온전한 관계 속으로 우리를 초청하셨을 뿐 아니라 성도들도 그러한 하나 됨을 이루도록 권면하고 계십니다. 예수님으로 말미암아 우리에게는 성부, 성자, 성령 하나님의 하나 되심에 참여할 수 있는 길이 열린 것입니다. 예수 그리스도를 자신의 주인으로 영접한 사람들은 그분의 죽으심과 부활을 통해서 예수님이 하나님과 누리시는 같은 관계 속으로 들어갈 수 있게 된 것입니다.

우리가 말씀과 기도를 통해 날마다 하나님과 교제함으로 그분이 내 안에 온전한 주인이 되어 거하시게 될 때 우리는 하나님과 더욱 화목해지는 연합을 경험할 수 있습니다.

5 연합과 일치의 단계

1. 예수 그리스도와의 연합

우리가 머리 되신 예수 그리스도의 몸으로서 서로 연합된 유기체, 생명체가 되기 위해서는 이렇듯 한 사람 한 사람이 먼저 그리스도와 온전하게 연합되는 것으로부터 시작합니다. 자신의 능력, 환경 여하에 관계없이 그리스도와 온전하게 연합하는 것이 그리스도인의 능력을 나타내는 조건이며 존귀하신 그리스도의 연합된 몸의 일원이 되는 자격입니다.

만일 우리가 어떤 지체들과 연합하는 것을 힘들게 느끼고 있다면 아직도 자신의 주인이 누구인지 명확히 하지 않은 부분이 있는지 돌아보아야 합니다. 예수 그리스도의 크신 사랑에 감격하여 그를 향한 열정을 갖고 있다고 해서 반드시 그리스도가 자신의 주인이 되시도록 예수님과 온전한 연합을 이루었다고 볼 수는 없습니다. 그것은 감성적인 문제가 아니라 오늘이라는 현실에 나타난 자신의 삶에서 증거

되는 것입니다.

그리스도와 연합한다는 것은 그리스도가 나의 주인이 된
다는 것이요, "그리스도와 함께 십자가에 못 박힘으로 이제
는 자신이 산 것이 아니요 죽은 것이며 그 안에 그리스도께
서 사시는 상태"(갈 2:20)를 의미합니다. 이는 주의 일(자신
의 생각에 주의 일이라고 여겨지는 일)을 얼마나 많이 하고
있는가가 아니라 오늘의 삶에서 예수 그리스도가 자신을 통
해 나타나시도록 얼마나 자신을 내어 드렸으며 그분을 왕으
로 받아들였는가 하는 것입니다. 그리스도 안에서 자신이
온전히 깨어질 때에야 비로소 예수께서 자신의 삶에 주인이
되시며 주님과 온전한 연합을 이룰 수 있습니다.

2. 자신과의 일치

주님과 연합하여 성령의 인도하심을 따라가는 삶을 살게
된 사람은 먼저 자신의 인격 안에 평안을 회복하게 됩니다.
하나님의 형상대로 창조되었을 때 완전하고 아름다운 조화
가운데 있었던 사람의 영, 혼, 육은 죄가 들어왔을 때 부조
화가 생기고 평정이 깨지고 분열이 뒤따르게 되었습니다.
영이 하나님과 단절됨으로 그의 육체와 이성(지), 감정(정),
의지(의)가 서로 일치하지 않고 내면에서 서로 충돌하여 자
신의 인격 안에서조차 평안이 없이 신음하게 된 것입니다.

자신이 이성적으로 아는 것과 감정이 일치하지 않을 때,

자신이 의지적으로 결단한 것과 육체의 삶이 일치하지 않을 때, 또한 육체가 감정에 사로잡혀 자신의 이성과 의지에 통제되지 않을 때 우리는 말할 수 없는 내적 갈등을 겪게 됨을 우리는 잘 알고 있습니다.

- 영 – 하나님과 단절
- 혼 – 지(이성), 정(감정), 의(의지)의 무질서
- 육 – 고통과 죽음

그런 혼란 속에 있던 우리가 예수 그리스도와 연합하여 그분이 내 안에 들어오시게 되면 비로소 영이 살아나게 됩니다. 우리의 영이 주인 되신 그리스도로부터 생명을 공급받게 되어 자신의 혼과 육을 다스리게 될 때 인격 안에서 질서를 찾게 되고 치유가 일어나 올바른 기능을 수행할 수 있습니다. 우리의 내면 깊숙한 곳에 주인으로, 왕으로 좌정하신 예수 그리스도께서는 그 내면 세계를 일치시키고 질서 있게 하시며 편케 하십니다.

3. 지체 간의 연합

예수 그리스도로 말미암아 자신의 내면에서 일치를 경험하여 스스로를 용납할 수 있게 된 사람은 다른 사람과의 연합을 이루어 가는 것이 훨씬 쉬워집니다. 상대방의 부족함

이나 단점이 드러났을 때는 예수님께서 십자가에서 해결하신 방법으로 아무 조건 없이 자신이 그 부분을 메워 주고 하나님의 기뻐하시는 곳으로 함께 갈 수 있도록 도와주며 끊임없이 권면하고 기다려 줄 수 있어야 합니다. 그렇게 될 때 예수님으로부터 시작된 연합 운동은 예수님의 십자가의 도를 실제 삶의 영역에 받아들인 사람들로 말미암아 이 땅에 번져 갈 것입니다.

우리가 하나님 앞에 혼자 나아가는 것을 기뻐하지 않으며 언제라도 연합된 몸을 이루는 것을 우리의 목표로 삼을 때 더욱 주님께로 가까이 갈 수 있습니다. 우리는 그리스도와 연합된 몸을 이루기 위하여 서로 다른 지체됨과 그의 분량을 인정하며 서로 아름다운 관계를 이루기 위해 힘쓸 뿐 아니라 하나님의 영광을 드러내는 몸이 되기 위해 힘써야 합니다.

요한복음 17장은 장 전체가 예수님의 기도로 이루어져 있습니다. 여기서는 이 땅에서 마지막으로 드리신 예수님의 중보 기도가 성도들의 연합을 위한 것이었음을 기록하고 있습니다. 예수께서는 아버지와 아들이 하나 되심같이 성도들도 주 안에서 하나 되게 하실 것을 구하셨으며, 그러한 성도들의 연합이 세상으로 하여금 하나님께서 그 아들을 세상에 보내신 것을 믿게 할 것이라고 간구하고 계십니다.

"아버지께서 내 안에 내가 아버지 안에 있는 것같이 저희도 다 하나가 되어 우리 안에 있게 하사 세상으로 아버지께서 나를 보내신 것을 믿게 하옵소서"(요 17:21)

"곧 내가 저희 안에 아버지께서 내 안에 계셔 저희로 온전함을 이루어 하나가 되게 하려 함은 아버지께서 나를 보내신 것과 또 나를 사랑하심같이 저희도 사랑하신 것을 세상으로 알게 하려 함이로소이다"(요 17:23)

하나님께서 아들을 세상에 보내신 것과 아들을 사랑하시듯 그를 믿는 자들도 사랑하고 계심을 세상이 알 수 있게 하는 것은 성도들이 온전하게 연합하는 것이라고 하늘의 아버지께 간구하신 것임을 말씀을 통해 알 수 있습니다.

성도들이 온전한 그리스도의 몸을 이루는 것은 예수님께서 그토록 원하시는 일이며, 그리스도의 빛 된 능력을 나타내는 중요한 일입니다.

4. 교 회

이렇게 예수 그리스도 안에서 연합된 몸을 우리는 교회라고 부릅니다.

우리가 행하는 모든 일은 우리의 몸을 통해 이루어지듯이 예수 그리스도께서 사람들 가운데 행하시는 모든 일은 그분의 몸인 교회를 통해 이루어집니다. 하나님께서는 하나님의 뜻을 이 땅에 이루어 가시기 위해 천군 천사들을 직접 동원하실 수도 있습니다. 그러나 하나님께서 일하시는 주된 방법은 이 땅에 두신 자신의 몸을 통해서입니다. 몸 된 교회를 통해서 그리스도를 나타내시려는 것이 하나님의 목적이시기 때문입니다.

그러므로 우리는 자기 자신뿐 아니라 예수 그리스도의 몸 된 교회가 온전히 그리스도와 연합되도록 힘써야 하며, 교회를 통해 그리스도가 적극적으로 나타나시도록 머리 되신 주인과 긴밀한 관계를 유지하여야 합니다.

우리는 어느 곳에 있든지 주님의 몸이 영광받으시도록 믿음으로 중보 기도할 수 있습니다. 일치된 마음은 중보자의 마음이며 하나님 안에서의 일치와 연합이 중보 기도의 궁극적인 목적입니다.

연합과 일치가 일어나는 곳에서는 더 이상 정죄와 심판이 없어집니다. 누군가가 그 안에서의 연약함과 부족함을 말없이 감당하고 있기 때문이며, 이를 위해 예수님께서 몸소 본이 되셨기 때문입니다.

주님께서는 주님의 몸을 세워 가는 이러한 사람을 찾고 계십니다. 그런 사람을 하나님께서 동역자로 삼으시며 그를 통해 하나님 나라를 확장시켜 가십니다.

6 기도에 있어서의 연합

이러한 연합된 몸은 함께 모여 기도할 때에 큰 능력을 나타낼 수 있습니다. 예수님께서 승천하시고 나서 제자들이 다락방에서 "마음을 같이하여 전혀 기도에 힘쓰며" 합심 기도를 드렸던 것을 기억하십시오(행 1:13-14). 그리고 예수님께서 "두 사람이 땅에서 합심하여 무엇이든지 구하면 하늘에 계신 내 아버지께서 저희를 위하여 이루게 하시리라"고 합심하는 기도에 강력한 능력을 주시기로 약속하셨음을 기억하십시오(마 18:19).

하나님의 자녀들이 합심하여 기도할 때 하나님의 응답은 촉진됩니다. 그러므로 우리가 모여 기도할 때는 서로가 온전히 마음을 합하기에 힘써야 합니다. 또한 합심하여 기도하는 데 힘씀으로 연합을 더욱 견고하게 할 수 있습니다. 자주 함께 모여 기도해 온 사람들은 그렇게 밀접하게 관련을 맺지 않은 사람들보다 더 쉽게 합심하여 기도할 수 있습니다.

〈합심 기도의 축복〉

1. 하나님께서는 합심하여 기도할 때 하나님의 임재를 더 철저하게 경험하게 하십니다.

합심하여 기도한다는 것은 하나님 안에서 우리가 연합되었음을 나타내는 것입니다. 하나님께서는 우리가 마음을 합하는 것을 기뻐하십니다.

2. 합심하여 기도할 때 우리의 기도는 정결케 됩니다.

때때로 우리의 기도는 자기 욕심이나 바람직하지 못한 동기의 영향을 받을 수 있는데 여럿이 모여 합심해서 기도하다 보면 하나님께서 모든 사람의 동기를 인도하시고 정결케 하시며 깨끗하게 하십니다.

3. 합심하여 기도할 때 관련된 모든 사람은 영적인 축복을 받습니다.

특히 중보 기도를 하면서 느끼는 영적인 일체감은 기도에 참여한 이들의 상호 이해와 느낌과 교제를 강화시켜 줍니다. 합심하여 기도하는 것은 성령 안에서 일체감을 더 돈독하게 하는 축복을 경험하게 합니다.

교회 부흥의 역사를 통해 볼 때 성령 안에서의 일치와 연합이 영적인 각성과 부흥의 원동력이 되었었음을 알 수 있습니다. 그리고 그 현장에는 실제적으로 하나님의 얼굴을 구하였던 헌신적인 기도의 사람들과 여호와의 길을 예비하는 데 대가를 치를 만큼 영적인 부흥을 갈망하는 사람들의 연합된 힘이 있었습니다. 하나님께서는 이 사역에 동참할 자들을 부르고 계시며 그들을 통해 오늘도 일하고 계십니다.

기도 1. 우리의 동기들을 더욱 정결케 하여 주시고 각자 섬기는 곳에서 주님의 연합된 몸이 세워지는 데 헌신할 수 있도록 기도합시다.

2. 우리 교회들의 부흥이 참된 부흥이 되어 그 지역에 거룩한 영향력을 미칠 수 있도록 기도합시다.

기도의 만남 8 주

기도행진(Prayer March)

"너희의 발바닥으로 밟는 곳은 다 너희 소유
가 되리니 너희의 경계는 곧 광야에서부터 레
바논까지와 유브라데 하수라 하는 하수에서
서해까지라 너희 하나님 여호와께서 너희에게
말씀하신 대로 너희 밟는 모든 땅 사람들로 너
희를 두려워하고 무서워하게 하시리니 너희를
능히 당할 사람이 없으리라(신 11:24 - 25)

기도행진은 정해진 기도의 공간이 아닌 실제 우리의 삶
의 영역으로 나가 그 땅을 밟으며 그곳에 하나님의 다스림
을 선포하고 하나님을 찬양하며 말씀을 선포하고 기도하는
것입니다.

익숙하지 않은 경험이라 처음에는 긴장도 되지만 막상
실제 삶의 영역인 세상에 나가서 그 땅을 밟으며 기도하는
것은 하나님의 크신 능력을 드러내며 담대한 믿음을 갖게
되는 좋은 계기가 될 것입니다.

전도 팀들이 이 방법을 적용하여 전도를 시작하기 전에
먼저 전도할 지역의 땅을 밟으며 기도로 준비하는 것도 좋
은 방법입니다.

▶ 기도행진 지역

해외 선교지나 우리가 사는 도시

▶ 팀 구성

리더, Helper, 예배 담당, 중보 기도 담당, 회계, 서기, 섬김 : 팀 안에서 각자의 직임을 정하고 자신의 직임에 충실하여 한 몸을 이루도록 합니다.

▶ 준 비

1. 기도행진을 위해 정보를 수집하고 2~4주 전부터 전략회의를 합니다.
2. 직임에 따른 권위의 한계를 정하고, 권위에 따른 책임을 다하여 섬기며 각자의 권위에 순종합니다.
3. 강의 적용을 하며 묵상과 섬김을 통해 팀 안에서 일치를 이룹니다.
4. 재정에 있어 필요한 전체 비용을 정하고 각자 마음에 닿는 대로 모읍니다.

▶ 기도행진의 진행

1. 먼저 예배 담당의 인도를 따라 하나님께 먼저 예배를 드립니다. 밟을 땅에 대한 하나님의 마음과 인도하심을 구하고 경배와 찬양을 드립니다. 이때 기도행진 현장에 예배드릴 장소가 마땅치 않은 경우 교회에 모여

예배드리고 현장으로 출발합니다.

2. 기도행진에 관한 말씀과 찬양이 기록된 노트와 필기 도구를 준비합니다.

3. 리더의 지시에 따라 일정을 정하고 기도행진 현장에 모입니다.

4. 중보 기도 담당의 인도로 어떻게 기도행진을 할지 하나님 음성을 듣고 그에 따라 중보 기도합니다.

기도행진의 예) 모두 함께 여러 바퀴를 돌며 걷는다.

두 사람씩 짝지어 구역을 나누고 걷는다.

말씀을 소리 내어 외치며 걷는다.

찬양을 부르며 걷는다.

소리 내어 기도하며 걷는다.

건물이나 벽에 손을 대고 기도한다.

그곳에서 하나님을 경배하며 엎드린다.

5. 밟은 땅을 축복하고 하나님께 경배와 찬양을 드립니다.

6. 우범 지역이나 타 종교 지역일 때는 하나님께 지혜를 구하고 마찰이 없도록 합니다.

7. 자신의 어떠함이나 문제를 내려놓고 그날 밟는 지역을 위해 온전히 마음을 다하여 기도합니다.

8. 때로는 우리의 정보, 이성을 뛰어넘어 성령의 인도하심에 순종해야 할 때가 있습니다(중보 행위).

9. 기도행진을 마치고 한곳에 모여 마무리 기도로 마칩니다.

기도행진에 관한 말씀

1. 기도 전쟁의 영적 무장을 위해

"종말로 너희가 주 안에서와 그 힘의 능력으로 강건하여
지고 마귀의 궤계를 능히 대적하기 위하여 하나님의 전신갑
주를 입으라 우리의 씨름은 혈과 육에 대한 것이 아니요 정
사와 권세와 이 어두움의 세상 주관자들과 하늘에 있는 악
의 영들에게 대함이라 그러므로 하나님의 전신갑주를 취하
라 이는 악한 날에 너희가 능히 대적하고 모든 일을 행한
후에 서기 위함이라 그런즉 서서 진리로 너희 허리 띠를 띠
고 의의 흉배를 붙이고 평안의 복음의 예비한 것으로 신을
신고 모든 것 위에 믿음의 방패를 가지고 이로써 능히 악한
자의 모든 화전을 소멸하고 구원의 투구와 성령의 검 곧 하
나님의 말씀을 가지라 모든 기도와 간구로 하되 무시로 성
령 안에서 기도하고 이를 위하여 깨어 구하기를 항상 힘쓰
며 여러 성도를 위하여 구하고"(엡 6:10-18)

"너희의 발바닥으로 밟는 곳은 다 너희 소유가 되리니 너
희의 경계는 곧 광야에서부터 레바논까지와 유브라데 하수
라 하는 하수에서 서해까지라 너희 하나님 여호와께서 너희
에게 말씀하신 대로 너희 밟는 모든 땅 사람들로 너희를 두

려워하고 무서워하게 하시리니 너희를 능히 당할 사람이 없
으리라"(신 11:24-25)

"내가 진실로 진실로 너희에게 이르노니 나를 믿는 자는
나의 하는 일을 저도 할 것이요 또한 이보다 큰 것도 하리
니 이는 내가 아버지께로 감이니라 너희가 내 이름으로 무
엇을 구하든지 내가 시행하리니 이는 아버지로 하여금 아들
을 인하여 영광을 얻으시게 하려 함이라 내 이름으로 무엇
이든지 내게 구하면 내가 시행하리라"(요 14:12-14)

"우리의 싸우는 병기는 육체에 속한 것이 아니요 오직 하
나님 앞에서 견고한 진을 파하는 강력이라 모든 이론을 파
하며 하나님 아는 것을 대적하여 높아진 것을 다 파하고 모
든 생각을 사로잡아 그리스도에게 복종케 하니 너희의 복종
이 온전히 될 때에 모든 복종치 않는 것을 벌하려고 예비하
는 중에 있노라"(고후 10:4-6)

"하나님의 말씀은 살았고 운동력이 있어 좌우에 날선 어
떤 검보다도 예리하여 혼과 영과 및 관절과 골수를 찔러 쪼
개기까지 하며 또 마음의 생각과 뜻을 감찰하나니 지으신
것이 하나라도 그 앞에 나타나지 않음이 없고 오직 만물이
우리를 상관하시는 자의 눈앞에 벌거벗은 것같이 드러나느
니라"(히 4:12-13)

"진실로 너희에게 이르노니 무엇이든지 너희가 땅에서 매면 하늘에서도 매일 것이요 무엇이든지 땅에서 풀면 하늘에서도 풀리리라 진실로 다시 너희에게 이르노니 너희 중에 두 사람이 땅에서 합심하여 무엇이든지 구하면 하늘에 계신 내 아버지께서 저희를 위하여 이루게 하시리라 두세 사람이 내 이름으로 모인 곳에는 나도 그들 중에 있느니라"(마 18:18-20)

2. 선포

"여호와여 광대하심과 권능과 영광과 이김과 위엄이 다 주께 속하였사오니 천지에 있는 것이 다 주의 것이로소이다 여호와여 주권도 주께 속하였사오니 주는 높으사 만유의 머리심이니이다 부와 귀가 주께로 말미암고 또 주는 만유의 주재가 되사 손에 권세와 능력이 있사오니 모든 자를 크게 하심과 강하게 하심이 주의 손에 있나이다"(대상 29:11-12)

"외치는 자의 소리여 가로되 너희는 광야에서 여호와의 길을 예비하라 사막에서 우리 하나님의 대로를 평탄케 하라 골짜기마다 돋우어지며 산마다 작은 산마다 낮아지며 고르지 않은 곳이 평탄케 되며 험한 곳이 평지가 될 것이요 여호와의 영광이 나타나고 모든 육체가 그것을 함께 보리라 대저 여호와의 입이 말씀하셨느니라"(사 40:3-5)

"너희는 이전 일을 기억하지 말며 옛적 일을 생각하지 말라 보라 내가 새 일을 행하리니 이제 나타낼 것이라 너희가 그것을 알지 못하겠느냐 정녕히 내가 광야에 길과 사막에 강을 내리니 장차 들짐승 곧 시랑과 및 타조도 나를 존경할 것은 내가 광야에 물들을 사막에 강들을 내어 내 백성 나의 택한 자로 마시게 할 것임이라"(사 43:18-20)

"내가 나의 모든 산을 길로 삼고 나의 대로를 돋우리니 혹자는 원방에서 혹자는 북방과 서방에서 혹자는 시님 땅에서 오리라 하늘이여 노래하라 땅이여 기뻐하라 산들이여 즐거이 노래하라 여호와가 그 백성을 위로하였은즉 그 고난당한 자를 긍휼히 여길 것임이니라"(사 49:11-13)

"네 눈을 들어 사면을 보라 무리가 다 모여 네게로 오느니라 네 아들들은 원방에서 오겠고 네 딸들은 안기워 올 것이라 그 때에 네가 보고 희색을 발하며 네 마음이 놀라고 또 화창하리니 이는 바다의 풍부가 네게로 돌아오며 열방의 재물이 옴이라 허다한 약대 미디안과 에바의 젊은 약대가 네 가운데 편만할 것이며 스바의 사람들은 다 금과 유향을 가지고 와서 여호와의 찬송을 전파할 것이며 게달의 양 무리는 다 네게로 모여지고 느바욧의 수양은 네게 공급되고 내 단에 올라 기꺼이 받음이 되리니 내가 내 영광의 집을 영화롭게 하리라"(사 60:4-7)

"그가 내게 일러 가로되 여호와께서 스룹바벨에게 하신 말씀이 이러하니라 만군의 여호와께서 말씀하시되 이는 힘으로 되지 아니하며 능으로 되지 아니하고 오직 나의 신으로 되느니라 큰 산아 네가 무엇이냐 네가 스룹바벨 앞에서 평지가 되리라 그가 머릿돌을 내어 놓을 때에 무리가 외치기를 은총, 은총이 그에게 있을지어다 하리라 하셨고"(슥 4:6-7)

"하나님이 그 아들을 세상에 보내신 것은 세상을 심판하려 하심이 아니요 저로 말미암아 세상이 구원을 받게 하려 하심이라"(요 3:17)

"내가 진실로 진실로 너희에게 이르노니 나를 믿는 자는 나의 하는 일을 저도 할 것이요 또한 이보다 큰 것도 하리니 이는 내가 아버지께로 감이니라 너희가 내 이름으로 무엇을 구하든지 내가 시행하리니 이는 아버지로 하여금 아들을 인하여 영광을 얻으시게 하려 함이라 내 이름으로 무엇이든지 내게 구하면 내가 시행하리라"(요 14:12-14)

3. 대적

"야하시엘이 가로되 온 유다와 예루살렘 거민과 여호사밧 왕이여 들을찌어다 여호와께서 너희에게 말씀하시기를 이

큰 무리로 인하여 두려워하거나 놀라지 말라 이 전쟁이 너희에게 속한 것이 아니요 하나님께 속한 것이니라…이 전쟁에는 너희가 싸울 것이 없나니 항오를 이루고 서서 너희와 함께한 여호와가 구원하는 것을 보라 유다와 예루살렘아 너희는 두려워하며 놀라지 말고 내일 저희를 마주 나가라 여호와가 너희와 함께 하리라 하셨느니라 하매"(대하 20:15, 17)

"하나님은 일어나사 원수를 흩으시며 주를 미워하는 자로 주의 앞에서 도망하게 하소서 연기가 몰려감 같이 저희를 몰아내소서 불 앞에서 밀이 녹음 같이 악인이 하나님 앞에서 망하게 하소서 의인은 기뻐하여 하나님 앞에서 뛰놀며 기뻐하고 즐거워할지어다 하나님께 노래하며 그 이름을 찬양하라 타고 광야에 행하시던 자를 위하여 대로를 수축하라 그 이름은 여호와시니 그 앞에서 뛰놀지어다 그 거룩한 처소에 계신 하나님은 고아의 아버지시며 과부의 재판장이시라 하나님은 고독한 자로 가속 중에 처하게 하시며 수금된 자를 이끌어 내사 형통케 하시느니라 오직 거역하는 자의 거처는 메마른 땅이로다"(시 68:1-6)

"우리가 주를 의지하여 우리 대적을 누르고 우리를 치려 일어나는 자를 주의 이름으로 밟으리이다 나는 내 활을 의지하지 아니할 것이라 내 칼도 나를 구원치 못하리이다 오직 주께서 우리를 우리 대적에게서 구원하시고 우리를 미워하는 자로 수치를 당케 하셨나이다 우리가 종일 하나님으로 자랑하였나이다 우리가 하나님의 이름을 영영히 감사하리이다(셀라)"(시 44:5-8)

"내게 구하라 내가 열방을 유업으로 주리니 네 소유가 땅끝까지 이르리로다 네가 철장으로 저희를 깨뜨림이여 질그릇 같이 부수리라 하시도다"(시 2:8-9)

"여호와께서 말씀하시기를 그들이 비록 강장하고 중다할지라도 반드시 멸절을 당하리니 그가 없어지리라 내가 전에는 너를 괴롭게 하였으나 다시는 너를 괴롭게 하지 아니할 것이라 이제 네게 지운 그의 멍에를 내가 깨뜨리고 너의 결박을 끊으리라"(나 1:12-13)

"그 날에 죄와 더러움을 씻는 샘이 다윗의 족속과 예루살렘 거민을 위하여 열리리라 만군의 여호와가 말하노라 그 날에 내가 우상의 이름을 이 땅에서 끊어서 기억도 되지 못하게 할 것이며 거짓 선지자와 더러운 사귀를 이 땅에서 떠나게 할 것이라"(슥 13:1-2)

"그러나 더욱 큰 은혜를 주시나니 그러므로 일렀으되 하나님이 교만한 자를 물리치시고 겸손한 자에게 은혜를 주신다 하였느니라 그런즉 너희는 하나님께 순복할지어다 마귀

를 대적하라 그리하면 너희를 피하리라"(약 4:6-7)

"내가 너희에게 뱀과 전갈을 밟으며 원수의 모든 능력을 제어할 권세를 주었으니 너희를 해할 자가 결단코 없으리라"(눅 10:19)

4. 찬양

"여호와여 주는 나의 하나님이시라 내가 주를 높이고 주의 이름을 찬송하오리니 주는 기사를 옛적의 정하신 뜻대로 성실함과 진실함으로 행하셨음이라 주께서 성읍으로 무더기를 이루시며 견고한 성읍으로 황무케 하시며 외인의 궁정으로 성읍이 되지 못하게 하사 영영히 건설되지 못하게 하셨으므로 강한 민족이 주를 영화롭게 하며 포학한 나라들의 성읍이 주를 경외하리이다"(사 25:1-3)

"너희 무리는 마땅히 일어나 영원부터 영원까지 계신 너희 하나님 여호와를 송축할지어다 주여 주의 영화로운 이름을 송축하올 것은 주의 이름이 존귀하여 모든 송축이나 찬양에서 뛰어남이니이다 오직 주는 여호와시라 하늘과 하늘들의 하늘과 일월 성신과 땅과 땅 위의 만물과 바다와 그 가운데 모든 것을 지으시고 다 보존하시오니 모든 천군이 주께 경배하나이다"(느 9:5-6)

"여호와 우리 주여 주의 이름이 온 땅에 어찌 그리 아름다운지요 주의 영광을 하늘 위에 두셨나이다 주의 대적을 인하여 어린아이와 젖먹이의 입으로 말미암아 권능을 세우심이여 이는 원수와 보수자로 잠잠케 하려 하심이니이다"
(시 8:1-2)

"내가 전심으로 여호와께 감사하오며 주의 모든 기사를 전하리이다 내가 주를 기뻐하고 즐거워하며 지극히 높으신 주의 이름을 찬송하리니 내 원수들이 물러갈 때에 주의 앞에서 넘어져 망함이니이다"(시 9:1-3)

"너희 만민들아 손바닥을 치고 즐거운 소리로 하나님께 외칠지어다 지존하신 여호와는 엄위하시고 온 땅에 큰 임군이 되심이로다 여호와께서 만민을 우리에게 열방을 우리 발 아래 복종케 하시며 우리를 위하여 기업을 택하시나니 곧 사랑하신 야곱의 영화로다(셀라) 하나님은 온 땅에 왕이심이라 지혜의 시로 찬양할지어다 하나님이 열방을 치리하시며 하나님이 그 거룩한 보좌에 앉으셨도다 열방의 방백들이 모임이여 아브라함의 하나님의 백성이 되도다 세상의 모든 방패는 여호와의 것임이여 저는 지존하시도다"(시 47:1-4, 7-9)

"하나님은 우리를 긍휼히 여기사 복을 주시고 그 얼굴 빛으로 우리에게 비취사(셀라) 주의 도를 땅 위에, 주의 구원을 만방 중에 알리소서 하나님이여 민족들로 주를 찬송케 하시며 모든 민족으로 주를 찬송케 하소서 열방은 기쁘고 즐겁게 노래할지니 주는 민족들을 공평히 판단하시며 땅 위에 열방을 치리하실 것임이니이다(셀라)"(시 67:1-4)

"날마다 우리 짐을 지시는 주 곧 우리의 구원이신 하나님을 찬송할지로다 하나님은 우리에게 구원의 하나님이시라 사망에서 피함이 주 여호와께로 말미암거니와 그 원수의 머리 곧 그 죄과에 항상 행하는 자의 정수리는 하나님이 쳐서 깨치시리로다"(시 68:19-21)

"온 땅이여 여호와께 즐거이 부를지어다 기쁨으로 여호와를 섬기며 노래하면서 그 앞에 나아갈지어다 여호와가 우리 하나님이신 줄 너희는 알지어다 그는 우리를 지으신 자시요 우리는 그의 것이니 그의 백성이요 그의 기르시는 양이로다 감사함으로 그 문에 들어가며 찬송함으로 그 궁정에 들어가서 그에게 감사하며 그 이름을 송축할지어다 대저 여호와는 선하시니 그 인자하심이 영원하고 그 성실하심이 대대에 미치리로다"(시 100:1-5)

"왕이신 나의 하나님이여 내가 주를 높이고 영원히 주의 이름을 송축하리이다 내가 날마다 주를 송축하며 영영히 주의 이름을 송축하리이다 여호와는 광대하시니 크게 찬양할 것이라 그의 광대하심을 측량치 못하리로다 대대로 주의 행사를 크게 칭송하며 주의 능한 일을 선포하리로다"(시 145:1-4)

"여호와께서는 자기에게 간구하는 모든 자 곧 진실하게 간구하는 모든 자에게 가까이 하시는도다 저는 자기를 경외하는 자의 소원을 이루시며 또 저희 부르짖음을 들으사 구원하시리로다 여호와께서 자기를 사랑하는 자는 다 보호하시고 악인은 다 멸하시리로다 내 입이 여호와의 영예를 말하며 모든 육체가 그의 성호를 영영히 송축할지로다"(시 145:18-21)

"하나님의 종 모세의 노래 어린양의 노래를 불러 가로되 주 하나님 곧 전능하신 이시여 하시는 일이 크고 기이하시도다 만국의 왕이시여 주의 길이 의롭고 참되시도다 주여 누가 주의 이름을 두려워하지 아니하며 영화롭게 하지 아니하오리이까 오직 주만 거룩하시니이다 주의 의로우신 일이 나타났으매 만국이 와서 주께 경배하리이다 하더라"(계 15:3-4)

5. 회복

"내 이름으로 일컫는 내 백성이 그 악한 길에서 떠나 스스로 겸비하고 기도하여 내 얼굴을 구하면 내가 하늘에서 듣고 그 죄를 사하고 그 땅을 고칠지라 이곳에서 하는 기도에 내가 눈을 들고 귀를 기울이리니"(대하 7:14-15)

"너희는 여호와를 만날 만한 때에 찾으라 가까이 계실 때에 그를 부르라 악인은 그 길을 불의한 자는 그 생각을 버리고 여호와께로 돌아오라 그리하면 그가 긍휼히 여기시리라 우리 하나님께로 나아오라 그가 널리 용서하시리라 여호와의 말씀에 내 생각은 너희 생각과 다르며 내 길은 너희 길과 달라서 하늘이 땅보다 높음 같이 내 길은 너희 길보다 높으며 내 생각은 너희 생각보다 높으니라"(사 55:6-9)

"만군의 여호와가 이르노라 보라 극렬한 풀무불 같은 날이 이르리니 교만한 자와 악을 행하는 자는 다 초개 같을 것이라 그 이르는 날이 그들을 살라 그 뿌리와 가지를 남기지 아니할 것으로되 내 이름을 경외하는 너희에게는 의로운 해가 떠올라서 치료하는 광선을 발하리니 너희가 나가서 외양간에서 나온 송아지 같이 뛰리라 또 너희가 악인을 밟을 것이니 그들이 나의 정한 날에 너희 발바닥 밑에 재와 같으리라 만군의 여호와의 말이니라"(말 4:1-3)

"주와 같은 신이 어디 있으리이까 주께서는 죄악을 사유하시며 그 기업의 남은 자의 허물을 넘기시며 인애를 기뻐하심으로 노를 항상 품지 아니하시나이다 다시 우리를 긍휼히 여기셔서 우리의 죄악을 발로 밟으시고 우리의 모든 죄를 깊은 바다에 던지시리이다 주께서 옛적에 우리 열조에게 맹세하신 대로 야곱에게 성실을 베푸시며 아브라함에게 인애를 더하시리이다"(미 7:18-20)

"대저 물이 바다를 덮음 같이 여호와의 영광을 인정하는 것이 세상에 가득하리라"(합 2:14)

6. 영적 부흥을 위해

"나의 종 야곱 나의 택한 이스라엘아 이제 들으라 너를 지으며 너를 모태에서 조성하고 너를 도와줄 여호와가 말하노라 나의 종 야곱 나의 택한 여수룬아 두려워 말라 대저 내가 갈한 자에게 물을 주며 마른 땅에 시내가 흐르게 하며 나의 신을 네 자손에게 나의 복을 네 후손에게 내리리니 그들이 풀 가운데서 솟아나기를 시냇가의 버들같이 할 것이라"(사 44:1-4)

"나는 시온의 공의가 빛 같이 예루살렘의 구원이 횃불 같이 나타나도록 시온을 위하여 잠잠하지 아니하며 예루살렘을 위하여 쉬지 아니할 것인즉 열방이 네 공의를 열왕이 다 네 영광을 볼 것이요 너는 여호와의 입으로 정하실 새 이름으로 일컬음이 될 것이며 다시는 너를 버리운 자라 칭하지 아니하며 다시는 네 땅을 황무지라 칭하지 아니하고 오직 너를 헵시바라 하며 네 땅을 뿌라라 하리니 이는 여호와께서 너를 기뻐하실 것이며 네 땅이 결혼한 바가 될 것임이라"(사 62:1-4)

"여호와는 광대하시니 우리 하나님의 성 거룩한 산에서 극진히 찬송하리로다 터가 높고 아름다워 온 세계가 즐거워함이여 큰 왕의 성 곧 북방에 있는 시온산이 그러하도다 하나님이 그 여러 궁중에서 자기를 피난처로 알리셨도다"(시 48:1-3)

"여호와여 주의 인자하심을 우리에게 보이시며 주의 구원을 우리에게 주소서 내가 하나님 여호와의 하실 말씀을 들으리니 대저 그 백성 그 성도에게 화평을 말씀하실 것이라 저희는 다시 망령된 데로 돌아가지 말지로다 진실로 그의 구원이 그를 경외하는 자에게 가까우니 이에 영광이 우리 땅에 거하리이다 긍휼과 진리가 같이 만나고 의와 화평이 서로 입맞추었으며 진리는 땅에서 솟아나고 의는 하늘에서 하감하였도다 여호와께서 좋은 것을 주시리니 우리 땅이 그 산물을 내리로다 의가 주의 앞에 앞서 행하며 주의 종적

으로 길을 삼으리로다"(시 85:7-13)

"형제가 연합하여 동거함이 어찌 그리 선하고 아름다운
고 머리에 있는 보배로운 기름이 수염 곧 아론의 수염에 흘
러서 그 옷깃까지 내림 같고 헐몬의 이슬이 시온의 산들에
내림 같도다 거기서 여호와께서 복을 명하셨나니 곧 영생이
로다"(시 133:1-3)

기도행진에 관한 찬양

1. 경배
지존하신 주님 앞에, 예수 가장 귀한 그 이름, 찬송하라,
모든 이름 위에 뛰어난 이름, 주를 높일지라 등

2. 찬양
호산나, 내 입술로, 나는 광대한 주 이름 찬양, 나는 찬양
하리라, 주님 큰 영광 받으소서, 생명 주께 있네, 크신 주
께, 주의 찬송 세계 끝까지 등

3. 선포
주 여호와는 광대하시도다, 기뻐하며 왕께 노래 부르리,
문들아 머리 들어라, 내가 주를 찬송하리, 우리 함께 기뻐
해 등

4. 영적 전쟁
위대하고 강하신 주님, 저 성벽을 향해, 승리하였네, 주
님과 담대히, 해방되었네 등

5. 축복
부흥, 이 산지를, 우리는 주의 백성이오니 등

참고 도서

▶ 필독 도서

- 『내면 세계의 질서와 영적 성장』(고든 맥도날드, 홍화옥 역, IVP)
- 『스릴 있고 성취감 넘치는 중보 기도』(조이 도우슨, 김세라 역, 예수전도단)
- 『기도로 세계를 움직이라』(웨슬리 듀엘, 김지찬 역, 생명의말씀사)
- 『은혜 영성의 파워』(스티브 맥베이, NCD 편집부 역, NCD)

▶ 추천 도서

- 『대적의 문을 취하라』(신디 제이콥스, 죠이선교회)
- 『예언적 중보 기도』(바바라 웬트로블, 전의우 역, 규장문화사)
- 『하늘 문을 여는 중보 기도 전략 52가지』(명성훈, 국민일보)
- 『하나님의 마음을 닮아 가는 기도』(준 두니, 구옥모 역, 예수전도단)
- 『바늘귀를 통과한 부자』(김영봉, IVP)
- 『사귐의 기도』(김영봉, IVP)
- 『다시 쓰는 야베스의 기도』(김홍만, 생명의말씀사)
- 『묵상과 영적 성숙』(강준민, 두란노서원)
- 『하나님의 음성을 듣는 삶』(조이 도우슨, 방원선 역, 예수전도단)

- 『하나님의 음성을 듣는 법』(찰스 스탠리, 이미정 역, 두란노)
- 『하나님을 경외하는 마음』(조이 도우슨, 이상신 역, 예수전도단)
- 『막힌 담을 헐라』(엘리자베스 알베스, 크레도)
- 『하나님을 아는 지식』(제임스 패커, 정옥배 역, IVP)
- 『자유케 된 자아』(탐 마샬, 예수전도단 역, 예수전도단)
- 『하나님이 찾으시는 사람』(홍성건, 예수전도단)
- 『세계관을 분별하라』(안점식, 죠이선교회)
- 『하나님 정말 당신이십니까?』(로렌 커닝햄 · 제니스 로저스 공저, 예수전도단 역, 예수전도단)
- 『은혜의 각성』(찰스 스윈돌, 정진환 역, 죠이선교회)
- 『참된 예배를 회복하라』(워런 위어스비, 조계광 역, 생명의말씀사)
- 『참된 예배:예배란 무엇인가?』(존 맥아더, 한화룡 역, 두란노)
- 『예배와 삶』(김진호, 두란노)
- 『숨겨진 보물, 예배』(김진호, 두란노)
- 『내가 받은 용서, 내가 해야 할 용서』(존 맥아더, 조계광 역, 생명의말씀사)
- 『벼랑 끝에 서는 용기』(로렌 커닝햄, 문효미 역, 예수전도단)
- 『기독교 강요』(존 칼빈)
- 『21세기를 위한 예언적 비전』(릭 조이너, 김병국 역, 바울)